Bilanzanalyse – *leicht gemacht*

BLAUE SERIE – *leicht gemacht*
Herausgegeben von Helwig Hassenpflug

Die *leicht gemacht*-Lehrbücher führen Studierende erfolgreich in die Fächer Recht (GELBE SERIE) und Steuern / Rechnungswesen (BLAUE SERIE) ein, indem sie besonderes Augenmerk auf didaktische Erfordernisse legen und die wichtigsten Grundlagen vermitteln. Die Bände richten sich insbesondere an Anfängerinnen und Anfänger ohne Vorkenntnisse und sind daher ideal für den Einstieg und zur Prüfungsvorbereitung.

Weitere spannende Bände unter:
www.leicht-gemacht.de

Bilanzanalyse
leicht gemacht ✓

1. Auflage

von Stefan Trencsik

Edition Wissenschaft & Praxis

Bibliografische Information der Deutschen Nationalbibliothek

Die Deutsche Nationalbibliothek verzeichnet diese Publikation in der Deutschen Nationalbibliografie; detaillierte bibliografische Daten sind im Internet über http://dnb.d-nb.de abrufbar.

Umschlagbild: © Natalia Shabasheva – iStock

Alle Rechte vorbehalten
©2024 Edition Wissenschaft & Praxis
bei Duncker & Humblot GmbH, Berlin
Satz: Michael Haas
Druck: Prime Rate Kft., Budapest, Ungarn
Gedruckt auf FSC-zertifiziertem Papier

leicht gemacht® ist ein eingetragenes Warenzeichen

ISBN 978-3-87440-390-0 (Print)
ISBN 978-3-87440-790-8 (E-Book)

www.duncker-humblot.de

Inhalt

I. Einführung in die Bilanzanalyse

Lektion 1: Erkenntnisziele und Anwendungsfelder der Bilanzanalyse 9
Lektion 2: Grenzen und Fallstricke der Bilanzanalyse 11
Lektion 3: Jahresabschlussinstrumente verstehen und interpretieren 18
Lektion 4: Beurteilung der Qualität der Rechnungslegung und Bilanzpolitik 36
Lektion 5: Grundlegende Techniken zur Analyse von Jahresabschlüssen 45

II. Strategische Bilanzanalyse

Lektion 6: Analyse des Geschäftsumfelds (Porters Fünf-Kräfte-Modell) 53
Lektion 7: Analyse der Unternehmensstrategie 60

III. Erfolgswirtschaftliche Bilanzanalyse

Lektion 8: Rentabilitätsanalyse 65
Lektion 10: Produktivitätsanalyse 89
Lektion 11: Weitere Rentabilitätskennzahlen................. 105

IV. Finanzwirtschaftliche Bilanzanalyse

Lektion 12: Analyse kurzfristiger Liquiditätsrisiken 115
Lektion 13: Analyse langfristiger Solvenzrisiken............... 120
Lektion 14: Kreditratings und deren Bedeutung 129

Sachregister.. 135

Leitsätze und Übersichten

Leitsatz	1	Bedeutung des Konzernabschlusses für die Bilanzanalyse	12
Leitsatz	2	Bedeutung des Rechnungslegungssystems für die Bilanzanalyse	14
Leitsatz	3	Innewohnende Schwächen in Rechnungslegungssystemen:	15
Leitsatz	4	Fallstricke bei der Bilanzanalyse und wie man damit umgeht	17
Leitsatz	5	Aussagekraft einer Bilanz	21
Übersicht	1	Aufbau einer Gewinn- und Verlustrechnung (GuV)	22
Leitsatz	6	Periodengerechte Erfolgsermittlung	23
Leitsatz	7	Gewinnthesaurierung und Geldfluss	26
Leitsatz	8	Aussagekraft einer GuV	29
Übersicht	2	Zusammenhang zwischen der Kapitalflussrechnung und der Bilanz	34
Leitsatz	9	Die wichtigsten Fragen zur Analyse der Kapitalflussrechnung	34
Leitsatz	10	Aussagekraft des Werts des Vorratsvermögens bei Anwendung LIFO- und FIFO-Verfahren	38
Leitsatz	11	Bilanzpolitik	41
Leitsatz	12	Die Rolle von Wirtschaftsprüfern	44
Leitsatz	13	Unterschiedliche Berechnung von Kennzahlen	45
Leitsatz	14	Vertikale Bilanzanalyse	49
Leitsatz	15	Horizontale Bilanzanalyse	52
Übersicht	3	Porters Fünf-Kräfte-Modell	54
Leitsatz	16	Porters Fünf-Kräfte-Modell analysiert Branchen, keine Unternehmen	55
Leitsatz	17	Porters Fünf-Kräfte-Modell	59
Leitsatz	18	Kostenführerschaft- und Differenzierungsstrategie	63
Leitsatz	19	Die wichtigsten Fragen bei einer der SWOT-Analyse	64
Leitsatz	20	Durchschnittsbildung bei Bilanzwerten zur Berechnung von Kennzahlen	66
Leitsatz	21	Die Eigenkapitalrendite	68
Übersicht	4	Das (noch einfache) DuPont-Kennzahlensystem	69
Leitsatz	22	Die Gesamtkapitalrendite	71
Leitsatz	23	Abwandlung der Gesamtkapitalrenditeformel	72
Leitsatz	24	Vor- und Nachteile des Hebeleffekts	78

Leitsätze und Übersichten

Übersicht	5	Das (fast vollständige) DuPont-Kennzahlensystem	81
Leitsatz	25	Das DuPont-Kennzahlensystem.	81
Übersicht	6	Margenanalyse	83
Leitsatz	26	Margenanalyse	86
Leitsatz	27	Die wichtigsten Fragen zur Analyse der Profitabilität	88
Leitsatz	28	Effizienz vs. Effektivität	90
Leitsatz	29	Kapital- und Anlagevermögensumschlag	95
Leitsatz	30	Rentabilität vs. Liquidität	96
Übersicht	7	Der Geldumschlag (CCC)	100
Leitsatz	31	Produktivität im Betriebskapital	102
Leitsatz	32	Die wichtigsten Fragen zur Analyse der Produktivität.	103
Übersicht	8	Das vollständige DuPont-Kennzahlensystem.	104
Leitsatz	33	Definitionen des gebundenen und des investierten Kapitals	106
Leitsatz	34	ROIC und ROCE.	109
Leitsatz	35	Gewinn je Aktie und das Kurs-Gewinn-Verhältnis	114
Leitsatz	36	Optimale Höhe der Liquiditätskennzahlen	117
Leitsatz	37	Deckungsgrade	127
Leitsatz	38	Die wichtigsten Fragen zur Analyse des finanziellen Gleichgewichts.	128
Übersicht	9	Kreditrating von Moody's, S&P und Fitch.	130
Leitsatz	39	Ratingagenturen	133
Leitsatz	40	Ein letzter Wunsch und Tipp	134

I. Einführung in die Bilanzanalyse

Lektion 1: Erkenntnisziele und Anwendungsfelder der Bilanzanalyse

Lassen Sie uns die spannende Reise durch die Welt der Bilanzanalyse (eigentlich genauer Jahresabschlussanalyse) mit der folgenden, recht ungewöhnlichen Frage beginnen:

Was hat Bilanzanalyse mit der fiktiven Figur des Forrest Gump zu tun?

Nun, in dem Film von 1994 philosophiert Forrest darüber, dass das Leben wie eine Schachtel Pralinen sei und man nie wisse, was man kriege. Und tatsächlich wurde er im Film durch eine Reihe von ungewöhnlichen und zufälligen Ereignissen ein wohlhabender Mann. So gründete er u.a. nach dem Vietnamkrieg ein Unternehmen in der Krabbenfischerei, das nach anfänglichen Schwierigkeiten, zu einem großen wirtschaftlichen Erfolg wird. Forrest investiert daraufhin die Unternehmensgewinne in Aktien eines damals noch jungen Unternehmens, das laut ihm „irgendetwas mit Obst zu tun hat". In der nächsten Szene öffnet er einen Brief von einem Ihnen sicherlich bekannten Unternehmen, das u.a. Computer mit einem Apfellogo herstellt. Finanziell hat sich dieses Investment in jedem Fall für Forrest gelohnt. Denn wäre er eine real existierende Person, so wären seine Aktien heute mehrere Milliarden Dollar wert. Doch warum erzähle ich Ihnen das, wenn es doch eigentlich um Bilanzanalyse gehen soll?

Jahresabschlüsse spielen eine zentrale Rolle bei der Bewertung eines Unternehmens. Im Kern geht es darum zu beurteilen, ob der Markt die Aktien eines Unternehmens fair bewertet und ob sich eine Investition lohnt. Dieses Buch wird Ihnen die zentralen Techniken der Bilanzanalyse leicht verständlich vermitteln und Ihnen wertvolle und mächtige Werkzeuge an die Hand geben, mit denen Sie zwischen finanziell „guten" und „schlechten" Unternehmen unterscheiden können. Dabei werden wir zahlreiche Informationen aus Jahresabschlüssen und sonstigen Quellen sammeln und auswerten, um die aktuelle und vergangene Leistung eines Unternehmens zu bewerten, seine künftige Leistung vorherzusagen und den Wert der Unternehmensaktien abschätzen zu können. Ob Forrest Gump auf diese Techniken tatsächlich zurückgegriffen hat, wird in der Geschichte im Detail leider nicht erklärt. Fest steht allerdings, dass mit

Hilfe der Bilanzanalyse Investoren die finanzielle Gesundheit und Leistungsfähigkeit eines Unternehmens bewerten können, um somit zu sinnvollen Investitionsentscheidungen zu gelangen.

Neben der klassischen Aktienbewertung, können die in diesem Buch vorgestellten Analysetechniken Ihnen in zahlreichen weiteren Entscheidungssituationen wertvolle Hilfestellungen geben. Zu den weitreichenden Anwendungsmöglichkeiten der Bilanzanalyse gehören u.a.:

- **Managemententscheidungen**: Das Management eines Unternehmens nutzt die Bilanzanalyse, um die finanzielle Lage des Unternehmens zu bewerten und fundierte Entscheidungen zu treffen. Dies umfasst die Identifizierung von Finanzierungsbedarf, die Planung von Investitionen sowie die Bewertung der Rentabilität verschiedener Geschäftsbereiche.

- **Strategieentwicklung**: Unternehmen nutzen die Bilanzanalyse, um die finanzielle Performance und Position ihrer Wettbewerber zu bewerten und ihre eigene Position im Markt besser zu verstehen. Damit schafft sie die Grundlage für die Entwicklung einer langfristigen Unternehmensstrategie.

- **Kreditvergabe:** Banken und andere Kreditgeber nutzen die Bilanzanalyse, um die Kreditwürdigkeit eines Unternehmens zu beurteilen.

- **Beurteilung der finanziellen Lage eines Lieferanten, Kunden oder potenziellen Arbeitgebers**: Als Kunde ist es wichtig zu wissen, ob ein potenzieller Lieferant finanziell stabil und in der Lage ist, langfristig seine Lieferungen zu erfüllen. Umgekehrt möchte man als Lieferant wissen, wie solvent und zahlungsfähig ein potenzieller Kunde ist, um das Risiko von Zahlungsausfällen zu minimieren. Schließlich können Bewerber die Bilanzanalysetechniken nutzen, um die finanzielle Stabilität und das Wachstumspotenzial eines potenziellen Arbeitgebers zu beurteilen.

Studierende wirtschaftswissenschaftlicher Studiengänge werden die Inhalte dieses Buch zur Vorbereitung auf zahlreiche Prüfungen verwenden können. Dies betrifft nicht nur die klassische Prüfung im Fach „Bilanzanalyse", sondern auch Prüfungen in anderen Fächern mit Rechnungslegungs- und Controllingbezügen.

Lektion 2: Grenzen und Fallstricke der Bilanzanalyse

Die Bilanzanalyse ist zweifellos ein kraftvolles Werkzeug, um Einblicke in die finanzielle Gesundheit und Leistungsfähigkeit eines Unternehmens zu gewinnen. Doch wie bei jedem Instrumentarium hat auch die Bilanzanalyse ihre eigenen Grenzen und birgt Fallstricke. Vor diesem Hintergrund ist es entscheidend, ein Bewusstsein für potenzielle Stolpersteine zu entwickeln, die bei der Interpretation von Finanzdaten auftreten können. Im Folgenden werden wir uns eingehend mit fünf dieser Herausforderungen auseinandersetzen und entsprechende Lösungsansätze diskutieren.

2.1. Begrenzte Aussagekraft des Einzelabschlusses

Die Bilanzanalyse basiert auf den Informationen, die in den Jahresabschlüssen und weiteren Finanzberichten eines Unternehmens verfügbar sind. Es kann jedoch vorkommen, dass wichtige Informationen fehlen oder nicht ausreichend dargestellt werden, was zu einer unvollständigen Analyse führen kann. Dies ist insbesondere beim Einzelabschluss der Fall.

■ Fall 1
Bedeutung des Konzernabschlusses

Andrea ist eine große Anhängerin des deutschen Fußballclubs Eintracht Wildau e.V. und fragt sich, ob der Verein nicht nur auf dem Platz, sondern auch wirtschaftlich eine Macht ist. Eilig geht sie auf www.bundesanzeiger.de und lädt sich den entsprechenden Einzelabschluss herunter. Kann Andrea nun mit der Bilanzanalyse loslegen?

Nein. Der Einzelabschluss ist nicht aussagekräftig, da er nur die wirtschaftliche Situation einer einzelnen Gesellschaft darstellt. Würde Andrea nur den Einzelabschluss analysieren, so würde sie u.a. die Gewinne anderer Tochtergesellschaften ignorieren. Hätte Eintracht Wildau beispielsweise eine Tochtergesellschaft, die das Wildauer Stadion verwaltet und vermarktet, dann würden diese Finanzdaten nicht im Einzelabschluss des Muttervereins auftauchen.

Aus diesem Grund sollte Andrea für ihre Analyse den Konzernabschluss heranziehen. Dieser ist in vielen Fällen aussagekräftiger und umfassender als der Einzelabschluss, denn er spiegelt die finanzielle Lage und die Geschäftstätigkeit eines gesamten Konzerns (bestehend aus Muttergesellschaft und ihren Tochterunternehmen) wider, indem er die Finanzdaten aller Tochtergesellschaften und verbundenen Unternehmen eines Konzerns konsolidiert. Dadurch werden potenzielle Verflechtungen, Transaktionen und finanzielle Beziehungen zwischen den einzelnen Einheiten erfasst und eliminiert. Dies ermöglicht eine ganzheitliche Betrachtung der finanziellen Lage des Konzerns.

Leitsatz 1

Bedeutung des Konzernabschlusses für die Bilanzanalyse

Für eine umfassende Bewertung der finanziellen Leistungsfähigkeit eines Unternehmens ist die **Verwendung des Konzernabschlusses** in der Bilanzanalyse unerlässlich. Dieser bezieht sämtliche Tochtergesellschaften mit ein, eliminiert konzerninterne Verflechtungen und liefert somit ein vollständiges Bild über die finanzielle Situation des Unternehmens.

2.2 Verzerrungen aufgrund von unterschiedlichen Rechnungslegungssystemen

Ein weiteres Problem ist, dass die Bilanzanalyse durch unterschiedliche Rechnungslegungssysteme beeinflusst und erschwert werden kann.

▮▮ Fall 2
Bedeutung des Rechnungslegungssystems #1

Andrea lädt sich also den Konzernabschluss von Eintracht Wildau herunter und überlegt sich, noch einen zweiten Verein zum Vergleich heranzuziehen. Als größten sportlichen und wirtschaftlichen Konkurrenten sieht sie hierbei die SpVgg Frankfurt (Oder) an. Dieser Verein ist, im Gegensatz zur Eintracht, eine Aktiengesellschaft und auch an einer deutschen Börse gelistet. Kann Andrea jetzt mit der Analyse starten, nachdem die entsprechenden Konzernabschlüsse vorliegen?

Natürlich kann sie das. Sie sollte allerdings beachten, dass die SpVgg Frankfurt (Oder) als börsennotiertes Unternehmen nach den International Financial Reporting Standards (IFRS) und Eintracht Wildau nach lokaler deutscher Rechnungslegung (HGB) bilanziert. Die lokale Rechnungslegung ist in vielen Ländern vom Vorsichtsprinzip als dominantem Bewertungsmaßstab geprägt. Die IFRS verfolgen indes das Ziel, Investoren entscheidungsrelevante Informationen bereit zu stellen. Aus diesem Grund weichen die Wertansätze in einem Jahresabschluss nach lokalen Rechnungslegungsvorschriften von denen nach IFRS zum Teil deutlich voneinander ab. Dies gilt selbst dann, wenn es sich um das identische Unternehmen handelt. Probieren Sie es doch einfach mal aus und laden Sie sich die Jahresabschlüsse eines beliebigen deutschen DAX-Unternehmens nach HGB und IFRS herunter. Sie werden feststellen, dass sich diese deutlich voneinander unterscheiden.

Doch was, wenn Andrea die beiden Unternehmen dennoch analysieren will? In diesem Fall sollte sie sich intensiv in deutsche und internationale Rechnungslegung einarbeiten. Ansonsten ist es schlichtweg unmöglich zu sagen, ob die finanziellen Unterschiede in den Jahresabschlüssen tatsächlich wirtschaftlicher Natur oder auf die voneinander abweichenden Rechnungslegungssysteme zurückzuführen sind.

■ Fall 3
Bedeutung des Rechnungslegungssystems #2

Neben ihrer Leidenschaft für Fußball und Bilanzanalyse ist Andrea auch eine begeisterte und modebewusste Sportlerin. Sie fragt sich, wie ihre Lieblingssportmodemarken die Swoosh Inc. (gelistet an der New York Stock Exchange) sowie die Dreiblatt AG und Gepard SE (beide gelistet an der Frankfurter Börse) wohl finanziell dastehen. Kann Andrea die Abschlüsse dieser drei börsennotierten Unternehmen sinnvoll miteinander vergleichen?

Die Dreiblatt AG und Gepard SE sind beide an europäischen Börsen gelistet und bilanzieren entsprechend nach den IFRS. Ein Vergleich zwischen diesen beiden Unternehmen ist daher ohne Weiteres sinnvoll möglich, denn es gibt keine Unterschiede aufgrund des Rechnungslegungssystems. Fraglich ist allerdings, ob dies ebenfalls für die Swoosh Inc. gilt, die nach den amerikanischen Rechnungslegungsvorschriften (US-GAAP) bilanziert.

Während es zwischen vielen lokalen Rechnungslegungssystemen und den IFRS zu großen Unterschieden kommen kann, ist dies bei einem Vergleich eines Abschlusses nach IFRS und US-GAAP weniger der Fall. Ursächlich hierfür ist ein gemeinsames Projekt zwischen der EU und den USA, das die Harmonisierung der US-GAAP und IFRS in verschiedenen Bereichen vorsah. Im Rahmen des Konvergenzprozesses wurden dabei verschiedene Standards entwickelt und veröffentlicht, um die Unterschiede zu minimieren. Allerdings ist es wichtig zu betonen, dass diese Konvergenz nicht zu einer vollständigen Vereinheitlichung der Rechnungslegungsstandards geführt hat und es daher weiterhin Unterschiede zwischen den US-GAAP und IFRS gibt. Für einen vollständigen Vergleich sollte man sich daher dieser (z.T. marginalen) Unterschiede bewusst sein. Der Autor dieser Zeilen ist ohnehin davon überzeugt, dass Kenntnisse in internationaler Rechnungslegung sehr lohnenswert sind. Schließlich sind die europäischen IFRS und die US-GAAP die beiden wichtigsten Rechnungslegungssysteme der Welt und werden in über 140 Ländern weltweit angewandt oder akzeptiert. Einen sehr guten Überblick gibt das Buch IFRS *– leicht gemacht*®.

Leitsatz 2

Bedeutung des Rechnungslegungssystems für die Bilanzanalyse

Es stellt stets eine Herausforderung dar, Jahresabschlüsse von Unternehmen zu vergleichen und zu analysieren, **wenn sie nach unterschiedlichen Rechnungslegungssystemen erstellt wurden**. Im Idealfall werden daher Jahresabschlüsse miteinander verglichen, die nach denselben oder zumindest ähnlichen Bilanzierungsregeln aufgestellt sind. Große Unterschiede gibt es regelmäßig zwischen lokalen und internationalen Rechnungslegungsvorschriften. IFRS und US-GAAP, die zwei bedeutsamsten Rechnungslegungssysteme der Welt, sind in vielen Teilbereichen demgegenüber weitestgehend vergleichbar.

2.3 Innewohnende Schwächen von Rechnungslegungssystemen

Jedes Rechnungslegungssystem ist ein Modell und versucht die Realität vereinfacht darzustellen. Allerdings gehen bei dieser Vereinfachung regelmäßig wichtige Informationen verloren. Ein Beispiel dafür ist, dass immaterielle Vermögenswerte wie Markenrechte, Patente oder sonstiges geistiges Eigentum nach HGB, IFRS oder US-GAAP nur in sehr wenigen Fällen bilanziert werden. Dies mag auf den ersten Blick überraschen, aber Sie werden nur in Ausnahmefällen Markenlogos in den jeweiligen Jahresabschlüssen finden. Begründet wird dies damit, dass es in vielen Fällen schwierig ist, eine zuverlässige und objektive Bewertung von Markenrechten vorzunehmen. Schließlich wird ihr Wert von subjektiven Faktoren wie Markenbekanntheit, Markenimage und Markentreue beeinflusst und unterliegt dazu möglicherweise noch starken Schwankungen.

Mag diese Argumentation unter dem Gesichtspunkt einer konservativen Darstellung der finanziellen Lage eines Unternehmens überzeugen, verkennt sie allerdings, dass immaterielle Vermögenswerte einen signifikanten Teil zum Unternehmenserfolg beitragen können. Sie sollten daher in einer Bilanzanalyse nicht ignoriert werden. Wenn Sie sich mit der Analyse von Jahresabschlüssen beschäftigen, müssen Sie also zunächst diese Einschränkungen der Rechnungslegungssysteme kennen, um dann Ihre Analyse entsprechend anpassen zu können. So gehen in aller Regel auch professionelle Analysten und Banken vor. Die konkreten Jahresabschlussinstrumente mit deren Bedeutung und Schwächen werden wir in Lektion 3 besprechen.

Leitsatz 3

Innewohnende Schwächen in Rechnungslegungssystemen:

Die Kenntnis der **Schwächen von Bilanzierungssystemen** ist entscheidend, um **gezielte Anpassungen** in der Bilanzanalyse vorzunehmen und eine präzise Beurteilung der finanziellen Gesundheit eines Unternehmens zu gewährleisten.

2.4 Begrenzte Vergleichbarkeit zwischen Unternehmen durch Bilanzpolitik

Ein weiteres Problem bei der Analyse von Jahresabschlüssen ist, dass Unternehmen Bilanzpolitik betreiben können. Bilanzpolitik bedeutet, dass ein Unternehmen seinen Jahresabschluss gezielt gestaltet, um bestimmte wirtschaftliche Situationen besonders darzustellen oder zu beeinflussen. Zum Beispiel könnte ein Unternehmen versuchen, seinen bilanziellen Gewinn zu erhöhen, um bestimmte Finanzkennzahlen zu verbessern. Hierzu kann ein Unternehmen Entscheidungs- und Bewertungsspielräumen innerhalb der Rechnungslegungsstandards ausnutzen oder spezielle bilanzpolitisch motivierte Transaktionen durchführen. Um einen tatsächlichen Einblick in die Vermögens- Finanz- und Ertragslage des Unternehmens zu bekommen, muss man diese gezielten bilanzpolitischen Maßnahmen erkennen und einordnen können. Weil dieses Thema sehr wichtig und auch komplex ist, widmen wir ihm die eigene Lektion 4 und werden uns dort ausführlich damit beschäftigen.

2.5. Vergangenheitsbezug der Informationen des Jahresabschlusses

Jahresabschlüsse stellen vergangene Ereignisse und Geschäftstätigkeiten modellhaft dar und geben uns daher wertvolle Informationen über die finanzielle Situation eines Unternehmens in der Vergangenheit. Auf die zukünftige Entwicklung eines Unternehmens gehen sie dagegen nur sehr eingeschränkt ein. Allerdings können sich die wirtschaftlichen und rechtlichen Rahmenbedingungen der Unternehmen innerhalb kürzester Zeit drastisch ändern. Aktuelle Beispiele aus der jüngeren Vergangenheit gibt es mit dem Brexit, Kriegen, einer Pandemie oder einer sich anbahnenden technischen Revolution aufgrund von künstlicher Intelligenz genug. Aus diesem Grund, muss das reine quantitative Zahlenmaterial der Jahresabschlüsse um weitere qualitative Informationen ergänzt werden. Diese basieren nicht nur auf Zahlen der Vergangenheit, sondern beziehen auch die aktuellen Marktbedingungen und branchenspezifischen Gegebenheiten mit in die Analyse ein. So entsteht ein umfassenderes Bild der finanziellen Lage des Unternehmens.

Eine effektive Bilanzanalyse wird daher in drei Schritten durchgeführt. Zunächst müssen die spezifischen Besonderheiten der Branche, in der das Unternehmen tätig ist, erkannt werden. Im zweiten Schritt muss die Unternehmensstrategie des Unternehmens identifiziert werden. Im Anschluss kann drittens die finanzielle Situation eines Unternehmens mit Hilfe der Jahresabschlüsse beurteilt werden. Diese Elemente bedingen sich gegenseitig: Eine gute Unternehmensstrategie, die auch aktuelle industriespezifische Besonderheiten und Trends berücksichtigt, wird automatisch auch gute Finanzdaten im Jahresabschluss zeigen. Umgekehrt führt eine Unternehmensstrategie, die nicht auf veränderte Marktbedingungen reagiert, dazu, dass sich die Finanzdaten im Zeitablauf verschlechtern werden. Aufgrund der fundamentalen Bedeutung widmen wir der Analyse der Unternehmensstrategie das eigenständige Kapitel II.

Leitsatz 4

Fallstricke bei der Bilanzanalyse und wie man damit umgeht

Auch wenn wir mit der Bilanzanalyse ein sehr tiefgehendes Verständnis von der finanziellen Performance eines Unternehmens erlangen können, gibt es dennoch einige Fallstricke zu beachten. Zunächst sollte für die Analyse der **Konzernabschluss** herangezogen und auch auf die **anzuwendenden Rechnungslegungsvorschriften** geachtet werden. Als nächstes sollte einem bewusst sein, dass Rechnungslegungssysteme immer **nur modellhafte Abbildungen der Realität sind** und daher die Wirklichkeit nie exakt widerspiegeln können. Kenntnisse des jeweiligen Rechnungslegungssystems erleichtern daher die Interpretation der Ergebnisse der Bilanzanalyse. Auch können dann leichter **bilanzpolitische Maßnahmen** identifiziert werden, mit denen die Unternehmensleitung bewusst und zielgerichtet den Jahresabschluss innerhalb legaler Grenzen gestaltet, um damit abschlusspolitischer Ziele zu erreichen (z.B. einen möglichst hohen Gewinn auszuweisen). Schließlich sind die Daten aus dem Jahresabschluss vergangenheitsorientiert. Eine vollständige Bilanzanalyse ergänzt daher das reine Zahlenmaterial aus dem Jahresabschluss noch um eine **qualitative Analyse des Geschäftsumfelds und der Unternehmensstrategie**. So lassen sich nicht nur Rückschlüsse darüber ziehen, wie es um die aktuelle finanzielle Leistung des Unternehmens bestellt ist, sondern auch, wie diese in Zukunft aussehen könnte.

Lektion 3: Jahresabschlussinstrumente verstehen und interpretieren

In dieser Lektion definieren und erläutern wir die wichtigsten Elemente des Jahresabschlusses. Konkret werden wir uns insbesondere die Bilanz, die Gewinn- und Verlustrechnung (GuV), die Kapitalflussrechnung, den Anhang sowie den Lagebericht und die Eigenkapitalveränderungsrechnung eines Jahresabschlusses genauer ansehen. Schließlich verbessert sich die Interpretation von den in den Jahresabschlüssen enthaltenen Daten deutlich, wenn klar wird, welche Aussagekraft jedes dieser Elemente hat.

3.1 Die Bilanz

Die Bilanz ist eine Momentaufnahme der finanziellen Lage eines Unternehmens zu einem bestimmten Zeitpunkt. Sie informiert den Leser zum einen auf der sog. Aktivseite (Vermögensseite) über die Ressourcen, die der Geschäftsführung des Unternehmens zur Verfügung stehen, um damit Gewinne zu erwirtschaften. Zum anderen zeigt sie auf der sog. Passivseite (Kapitalseite) wie diese Vermögenswerte finanziert werden. Eine Bilanz besteht daher aus drei zentralen Abschnitten: Den Vermögenswerten (engl. Assets), dem Fremdkapital (engl. Debt and Liabilities) und dem Eigenkapital (engl. Equity).

Vermögenswerte stellen wirtschaftliche Werte dar, die in der Verfügungsmacht des Unternehmens stehen und von denen ein zukünftiger Nutzen erwartet wird. Hinsichtlich der Reihenfolge, in der die Vermögenswerte aufgelistet werden, wird als Kriterium häufig deren Liquidierbarkeit herangezogen, also wie schnell und schwierig es ist, eine Position in Bargeld umzuwandeln. Es wird daher zwischen kurzfristigem Umlaufvermögen (engl. Current Assets) und langfristigem Anlagevermögen (engl. Fixed Assets oder Non-Current Assets) unterschieden. Das Umlaufvermögen besteht aus Vermögenswerten, von denen erwartet wird, dass sie innerhalb eines Jahres verbraucht, verkauft oder verarbeitet werden. Beispiele für Umlaufvermögen sind Barmittel und Zahlungsmitteläquivalente, Forderungen aus Lieferungen und Leistungen, Vorräte oder kurzfristige Kapitalanlagen. Demgegenüber werden dem Anlagevermögen die Vermögenswerte zugeordnet, die dazu geeignet sind, dem Betrieb dauerhaft (d.h. länger als 12 Monate) zu dienen. Beispiele hierfür sind immaterielle Vermögenswerte (wie Patente oder erworbene Markenrechte), Sachanlagen (wie beispielsweise Grundstücke, Gebäude oder Maschinen) sowie langfristige Investitionen und Forderungen.

Bei der Bewertung von Vermögenswerten in der Bilanz verwenden zahlreiche Rechnungslegungssysteme das sog. **Realisationsprinzip (engl. Revenue Recognition Principle)**. Dieses Prinzip besagt, dass Erträge erst dann verbucht werden dürfen, wenn sie realisiert wurden. Hierzu muss das zugrundeliegende wirtschaftliche Ereignis abgeschlossen und die Erträge sicher und messbar sein. Hat ein Unternehmen z.B. ein Grundstück für 100.000 € gekauft und ist der Marktwert im Laufe der Zeit auf 500.000 € gestiegen, so darf dieser Wertsteigerung nach dem Realisationsprinzip nicht als Ertrag verbucht werden. Stattdessen ist das Grundstück grundsätzlich weiterhin mit 100.000 € in der Bilanz auszuweisen. Die Differenz aus Marktwert und Buchwert, in diesem Fall also 400.000 €, bezeichnet man als **stille Reserve (engl. Hidden Reserves)**. Sie sind deshalb „still", weil man den „wahren" Wert des Vermögenswerts in der Bilanz nicht sehen kann. Es kommt zu einer Unterbewertung.

Stille Reserven treten häufig im Anlagevermögen auf, da diese Vermögenswerte lange im Unternehmen verbleiben. Im Gegensatz dazu ist es im Umlaufvermögen weniger wahrscheinlich, dass unterbewertete Vermögenswerte existieren. Um potenzielle stille Reserven zu identifizieren kann z.B. der **Anlagenspiegel (engl. Schedule of Fixed Assets)** verwendet werden. Der Anlagenspiegel ist ein Bestandteil des Anhangs im Jahresabschluss eines Unternehmens und bietet eine detaillierte Aufschlüsselung der Bewertung der Anlagevermögenswerte nach verschiedenen Kategorien wie Immobilien oder Maschinen.

Nach den IFRS ist zudem zur Bewertung der Vermögenswerte des Anlagevermögens auch das sog. **Neubewertungsmodell (engl. Revaluation Method)** zulässig. Nach diesem Modell können Unternehmen ihre Vermögenswerte regelmäßig neu bewerten und die Differenz zwischen dem Buchwert und dem aktuellen Marktwert als Neubewertungsgewinn oder -verlust in einer Rücklage ausweisen. Dies führt dazu, dass die Vermögenswerte des Unternehmens die aktuellen Marktwerte besser widerspiegeln. Das Modell ist damit zwar sehr informativ, es ist aber nach den IFRS nicht verpflichtend vorgeschrieben. In der Praxis wird es nur sehr selten angewendet.

Auf der sog. Passivseite der Bilanz finden wir zunächst das Fremdkapital, das sämtliche finanziellen Verbindlichkeiten und Schulden umfasst, die ein Unternehmen gegenüber externen Parteien hat. Hierzu zählen z.B. Kredite, Rückstellungen, passive Rechnungsabgrenzungsposten und andere Verbindlichkeiten. Charakteristisch für Fremdkapital ist, dass es zu einem bestimmten Zeitpunkt zurückgezahlt werden muss und die Nutzung häufig mit der Zahlung von Zinsen verbunden ist. In der Bilanz werden die Positionen des Fremdkapitals in der Regel nach Fälligkeitsdatum geordnet. Von kurzfristigen Verbindlichkeiten spricht man, wenn diese voraussichtlich innerhalb eines Jahres fällig werden. Beispiele für kurzfristige Verbindlichkeiten sind Verbindlichkeiten aus Lieferungen und Leistungen. Bei langfristen Verbindlichkeiten handelt es sich um Verpflichtungen, die voraussichtlich erst nach einem Jahr zu begleichen sind. Beispiele hierfür sind langfristige Schulden, Pensionsrückstellungen oder langfristige Leasingverpflichtungen. Es wird ferner zwischen zinstragenden und unverzinslichen Verbindlichkeiten unterschieden. Auskunft über die Höhe, Laufzeit und Verzinsung der Verbindlichkeiten gibt der sog. Verbindlichkeitenspiegel (engl. Liabilities Schedule) im Anhang.

Als weitere Position auf der Passivseite der Bilanz findet sich das Eigenkapital. Es stellt den Eigentumsanteil der Aktionäre am Unternehmen dar. Das Eigenkapital setzt sich u.a. aus dem eingebachten Kapital der Eigentümer (gezeichnetes Kapital, engl. Common Stock) und den thesaurierten, d.h. nicht ausgeschütteten, Gewinnen des Unternehmens (Gewinnrücklagen, engl. Retained Earnings) zusammen. Im Gegensatz zum Fremdkapital hat das Eigenkapital den Vorteil, dass es unbefristet und unverzinst dem Unternehmen zur Verfügung steht. Ein Rückzahlungsanspruch durch die Kapitalgeber besteht daher nicht. Des Weiteren haftet das Unternehmen mit seinem Eigenkapital. Erwirtschaftet das Unternehmen in einem Jahr einen Verlust, so wird dieser Verlust mit dem Eigenkapital verrechnet. Erst wenn das Eigenkapital aufgebraucht ist, droht die Insolvenz des Unternehmens infolge einer Überschuldung. Aus diesem Grund ist ein ausreichend hohes Eigenkapital ein zentraler Eckpfeiler der finanziellen Stabilität des Unternehmens.

Das Wort „Bilanz" leitet sich aus dem lateinischen Wort für Waage ab. Schließlich müssen sich die Summe der Vermögenswerte (Anlagevermögen und Umlaufvermögen) und die Summe aus Eigen- und Fremdkapital stets die Waage halten. Dies lässt sich leicht daran erkennen, dass jeder

Vermögenswert eines Unternehmens, auch finanziert sein muss. Es gilt die sog. Bilanzgleichung:

Anlagevermögen + Umlaufvermögen = Eigenkapital + Fremdkapital (1)

Wir werden im Rahmen dieses Buches noch häufiger auf diese fundamentale Gleichung zurückkommen. Jetzt wollen wir sie aber erstmal dazu nutzen, um noch eine bessere Interpretation des Eigenkapitals zu erhalten. Aus diesem Grund stellen wir die Bilanzgleichung nach dem Eigenkapital um und erhalten folgenden Ausdruck:

Anlagevermögen + Umlaufvermögen − Fremdkapital = Eigenkapital (1a)

Das Eigenkapital ist also der Betrag, der dem Unternehmen gehört, nachdem alle Verbindlichkeiten und Schulden davon abgezogen wurden. Es stellt den „Nettowert" des Unternehmens dar und zeigt, welchen bilanziellen Wert das Unternehmen für die Eigentümer hat, wenn alle Verbindlichkeiten und Schulden beglichen wurden. Aus diesem Grund wird das Eigenkapital häufig auch als das Reinvermögen bezeichnet.

Leitsatz 5

Aussagekraft einer Bilanz

Eine Bilanz stellt eine Übersicht über die Vermögens- und Finanzlage eines Unternehmens zu einem bestimmten Zeitpunkt dar. Sie gliedert sich in Aktiva (Vermögenswerte) und Passiva (Eigenkapital, Fremdkapital) und zeigt damit, welche Vermögenswerte ein Unternehmen besitzt und wie diese finanziert wurden. Die Reihenfolge der einzelnen Positionen in der Bilanz bestimmt sich zum einen aus der Liquidierbarkeit der Vermögenswerte, zum anderen aus dem Fälligkeitsdatum des Kapitals.

3.2 Die Gewinn- und Verlustrechnung (GuV)

Eine Gewinn- und Verlustrechnung (GuV, engl. Profit and Loss Statement, P&L) ist eine Zusammenfassung der Erträge und Aufwendungen eines bestimmten Zeitraums (z.B. ein Quartal oder ein Jahr). Subtrahiert man von den Erträgen die Aufwendungen, erhält man als Ergebnis den Gewinn oder Verlust des Unternehmens in diesem Zeitraum. Die GuV bietet damit wertvolle Einblicke in die finanzielle Leistung und Rentabilität eines Unternehmens und zeigt dem Leser, die Quellen bzw. Ursachen des Erfolgs auf. Zwar unterscheidet sich der Aufbau einer GuV je nach Rechnungslegungssystem im Detail. Im Kern folgt sie aber der folgenden Grobstruktur:

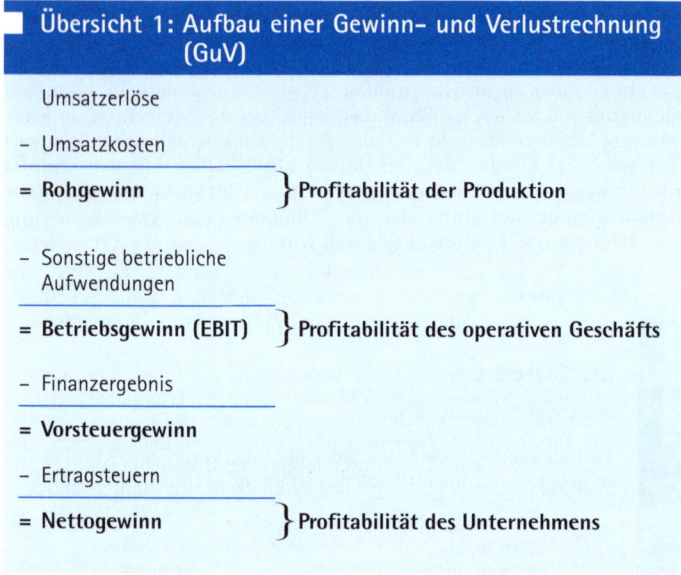

Umsatzerlöse (engl. Sales Revenues) sind die Erträge, die ein Unternehmen durch den Verkauf von Waren oder Dienstleistungen innerhalb des Zeitraums erzielt hat. Sie ermitteln sich aus der einfachen Formel Preis × Menge. Üblicherweise greifen alle Rechnungslegungssysteme (u.a. IFRS, US-GAAP, HGB) bei großen Unternehmen auf das Prinzip der periodengerechten Erfolgsermittlung (engl. Accrual Accounting) zurück. Es besagt, dass die Erträge und Aufwendungen dem Zeitraum zugeordnet werden müssen, in dem sie wirtschaftlich verursacht wurden. Wann ein Kunde bezahlt, ist daher vollkommen irrelevant für die Frage, wann ein Umsatz zu berücksichtigen ist.

Fall 4
Periodengerechte Erfolgsermittlung

Die Frankreich SA (gelistet an der Pariser Börse) verkauft und liefert am 30. Dezember 01 Waren im Wert von 10.000 €. Der Kunde zahlt am 5. Januar 02. Welchem Jahr ist der Umsatz zuzuordnen?

Als ein an einer europäischen Börse gelistetes Unternehmen, bilanziert die Frankreich SA nach IFRS, sodass es die periodengerechte Erfolgsermittlung beachten muss. Es ist daher für die Umsatzrealisation unerheblich, wann der Kunde zahlt. Der Umsatz i.H.v. 10.000 € ist dem Jahr 01 zuzuordnen. Gleichzeitig entsteht ein Anspruch der Frankreich SA auf die Begleichung der Rechnung, der durch die Einbuchung einer Forderung aus Lieferung und Leistung dargestellt wird.

> ### Leitsatz 6
> **Periodengerechte Erfolgsermittlung**
>
> Das Konzept der periodengerechten Erfolgsermittlung widerspricht häufig dem Empfinden vieler Menschen, die den Erfolg oder Misserfolg eines Unternehmens mit dem tatsächlichen Geldfluss verbinden. Tatsächlich zeichnet sie aber ein objektiveres und langfristiges Bild der finanziellen Leistungsfähigkeit eines Unternehmens, da sie auch zukünftige Forderungen und Verbindlichkeiten berücksichtigt.

Dennoch hat die periodengerechte Erfolgsermittlung auch zwei Nachteile, die bei einer Bilanzanalyse berücksichtigt werden müssen. Erstens sind aufgrund der periodengerechten Erfolgsermittlung Umsatzerlöse nicht gleichzusetzen mit Geldeingängen. Es kann daher die kuriose Situation eintreten, dass ein Unternehmen zwar riesige Umsätze aufweist, aber kurz danach Insolvenz anmelden muss. Stellen Sie sich z.B. vor, dass ein Unternehmen Waren ausliefert und ein Großteil der Kunden die Rechnungen nicht bezahlt. Das Unternehmen würde dann großen Liquiditätsproblemen gegenüberstehen und könnte ggf. seinen laufenden Zahlungsverpflichtungen (z.B. Löhne, Mieten, Lieferantenrechnungen etc.) nicht mehr nachkommen. Eine dauernde Illiquiditätssituation kann letztendlich zur Insolvenz des Unternehmens führen. Aus diesem Grund muss zusätzlich zur GuV auch die Kapitalflussrechnung, die die

Zahlungsflüsse des Unternehmens darstellt (siehe Lektion 3.3), mit in die Analyse einbezogen werden.

Zweitens wird der Zeitpunkt der Umsatzrealisation durch konkrete Vorschriften eines Rechnungslegungssystems vorgegeben. Bei simplen Sachverhalten mag die Bestimmung dieses Zeitpunkts noch einfach sein. Ist das Geschäftsmodell allerdings komplexer greifen i.d.R. auch Spezialregelungen des jeweiligen Rechnungslegungssystems, die es zu kennen gilt, um die Umsatzerlösposition vollständig zu verstehen. Sie kann zudem durch gezielte Bilanzpolitik beeinflusst werden. Aus diesen beiden Gründen stützen sich zahlreiche Kennzahlen nicht auf Größen der GuV, sondern auf die zahlungsbasierten Größen der Kapitalflussrechnung.

Die nächste Position in der GuV sind die **Umsatzkosten (engl. Cost of Goods Sold, COGS)**. Umsatzkosten sind Aufwendungen, die im **direkten Zusammenhang mit der Herstellung von Produkten oder der Erbringung von Dienstleistungen** stehen. Insbesondere sind hier die Personal- und Materialaufwendungen sowie die Abschreibungen zu nennen. **Abschreibungen** repräsentieren die allmähliche Wertminderung von Vermögenswerten im Laufe ihrer Nutzungsdauer. Dies spiegelt die Idee wider, dass Vermögenswerte mit der Zeit an Wert verlieren, sei es aufgrund von Verschleiß, technischer Überholung oder anderen Faktoren. Das Besondere an Abschreibungen ist daher, dass wir sie sowohl in der Bilanz (anhand des Wertverlustes der Vermögenswerte) als auch in der GuV sehen können. Sie haben allerdings keinen Zahlungsausgang zur Folge, weswegen sie nicht in der Kapitalflussrechnung abgebildet sind.

Werden von den Umsatzerlösen die direkten Umsatzkosten abgezogen, resultiert der **sog. Rohgewinn (engl. Gross Profit)**. Der Rohgewinn ist hilfreich, um die Rentabilität eines Unternehmens im Zusammenhang mit seinen Kerngeschäftsaktivitäten zu beurteilen. Ein steigender Rohgewinn kann auf eine verbesserte Rentabilität oder Effizienz in der Produktion zurückzuführen sein. Umgekehrt kann ein sinkender Rohgewinn auf gestiegene Kosten oder sinkende Umsatzerlöse infolge einer Marktsättigung hindeuten.

Als nächste Position in der GuV werden die **sonstigen betrieblichen Aufwendungen (engl. Other Operating Expenses)** aufgeführt. Sonstige betriebliche Aufwendungen sind betriebliche Kosten, die nicht direkt mit dem Verkauf einzelner Waren oder der Erbringung von Dienstleistungen zusammenhängen. Dies beinhaltet insbesondere die Vertriebskosten, die Kosten der allgemeinen Verwaltung sowie sonstige Aufwendungen (engl. Selling, General and Administrative Expenses, SG&A). Zu letzterer Kategorie gehören beispielsweise Forschungs- und Entwicklungskosten. Die Position der sonstigen betrieblichen Aufwendungen kann in der Praxis auch größer sein, als die der Umsatzkosten. Denken Sie beispielsweise an Luxusunternehmen, die u.U. sehr günstig produzieren können. Damit die Kunden aber bereit sind, die sehr hohen Preise dieser Produkte zu akzeptieren, investieren solche Unternehmen sehr hohe Summen in das Marketing und die Markenbildung.

Der Rohgewinn abzüglich der sonst. betrieblichen Aufwendungen ergibt den Betriebsgewinn (engl. Earnings Before Interest and Taxes, kurz EBIT). Es handelt sich um eine der wichtigsten Kennzahlen im Finanzbereich, die zur Bewertung der gesamten betrieblichen Leistung eines Unternehmens eingesetzt wird. Sie beinhaltet sämtliche operative Kosten und zwar unabhängig davon, ob sie direkt oder indirekt mit dem Produkt zusammenhängen. Ein Vorteil dieser Kennzahl ist, dass sie vor dem Einfluss von Zinsen und Steuern berechnet wird. Dies ermöglicht die Profitabilität von Unternehmen in verschiedenen Branchen oder Regionen zu vergleichen, da unterschiedlichen Steuer- und Finanzierungssituationen ignoriert werden.

Zu dem operativen Ergebnis kommen nun Erträge und Aufwendungen hinzu, die dem sog. Finanzergebnis (engl. Financial Result) zuzurechnen sind. Sie haben nichts mit der eigentlichen Geschäftstätigkeit zu tun, sondern resultieren aus Finanzierungsaktivitäten. Es handelt sich somit größtenteils um Zinserträge und -aufwendungen sowie um Gewinne und Verluste aus sonstigen finanziellen Transaktionen (z.B. Wertpapier- oder Währungsgeschäften). Zum Teil verrechnen Unternehmen auch Zinserträge mit Zinsaufwendungen und stellen nur das Nettoergebnis dar.

Das Ergebnis ist der Vorsteuergewinn (engl. Earnings Before Taxes, kurz EBT), der um Ertragsteuern (wie z.B. Körperschaftsteuer) gekürzt, den Nettogewinn (engl. Net Profit) bzw. -verlust (engl. Net Loss) ergibt. Er ist das Maß für den wirtschaftlichen Erfolg eines Unternehmens während eines bestimmten Zeitraums und wird mit dem bilanziellen Eigenkapital verrechnet. Ein Nettogewinn erhöht das Eigenkapital, während ein Nettoverlust das Eigenkapital verringert. Ferner gilt der Nettogewinn als Grundlage für die Dividendenausschüttungen an die Anteilseigner. Wird der Nettogewinn allerdings nicht ausgeschüttet, sondern einbehalten, erhöht er unmittelbar die Gewinnrücklagen des Unternehmens und damit das Eigenkapital. In diesem Fall wird von einer Gewinnthesaurierung gesprochen. Diese einbehaltenen Gewinne können für zukünftige Investitionen, die Schuldentilgung oder auch weitere Dividendenausschüttungen verwendet werden. Letztere sind nicht nur mit dem aktuellen Nettogewinn möglich, sondern können auch aus den Gewinnrücklagen, also den thesaurierten Nettogewinnen vergangener Jahre generiert werden.

Fall 5
Auswirkungen von Dividendenausschüttungen

Die Sparschwein AG erzielt im aktuellen Geschäftsjahr einen Nettogewinn von 1 Mio. €. Das Eigenkapital des Unternehmens beträgt zu Beginn des Jahres 5 Mio. € (davon 2 Mio. € Gewinnrücklagen). Die Hauptversammlung beschließt, 30 % des Nettogewinns als Dividende an seine Aktionäre auszuschütten. Welche bilanziellen Auswirkungen ergeben sich aus diesem Sachverhalt?

Die Sparschwein AG schüttet insgesamt 300.000 € (30 % von 1 Mio. €) an seine Aktionäre aus. Nach der Dividendenausschüttung beträgt das Eigenkapital des Unternehmens folglich 5 Mio. € + 0,7 Mio. € = 5,7 Mio. €. Die Gewinnrücklagen erhöhen sich auf 2,7 Mio. € und könnten in den Folgejahren, vorbehaltlich etwaiger rechtlicher Ausschüttungsbeschränkungen, für zusätzliche Ausschüttungen zur Verfügung stehen.

> ## Leitsatz 7
> **Gewinnthesaurierung und Geldfluss**
>
> Wird im Geschäftsjahr ein Nettogewinn erzielt und dieser nicht an die Aktionäre ausgeschüttet, erhöht sich das Eigenkapital. Diese Erhöhung ist aber aufgrund der periodengerechten Erfolgsermittlung nicht gleichzusetzen mit einem Geldzufluss in derselben Höhe. Es besagt lediglich, dass auf der Aktivseite die Summe der Vermögenswerte um den Betrag des Nettogewinns zugenommen haben. Resultiert dieser Wertzuwachs beispielsweise aus einer Erhöhung der Forderungen, so ist erst in naher Zukunft mit den entsprechenden Geldeingängen zu rechnen.

Lektion 3: Jahresabschlussinstrumente verstehen und interpretieren 27

Abschließend soll noch auf zwei weitere Positionen in der GuV eingegangen werden, die Ihnen in der Praxis möglicherweise begegnen können. Die erste sind die sog. **außerordentlichen Aufwendungen und Erträge (engl. Extraordinary Income and Expenses)**. Die Position der außerordentlichen Aufwendungen und Erträge umfasst, wie der Name schon sagt, ungewöhnliche Transaktionen oder Ereignisse. Ihnen ist gemein, dass sie nur unregelmäßig und nicht im Rahmen der normalen Geschäftstätigkeit auftreten. Es handelt sich oft um **Einmaleffekte**. Beispiele hierfür sind außerplanmäßige Abschreibungen, Rückstellungen für ungewisse Verbindlichkeiten, Umstrukturierungskosten, Kosten im Zusammenhang mit Naturkatastrophen, Auswirkungen von Steueränderungen oder die Gewinne und Verluste aus dem Verkauf von Anlagevermögen.

Diese Einmaleffekte können sich stark auf das finanzielle Ergebnis in einem bestimmten Jahr auswirken. In den Folgejahren ist mit ihnen jedoch nicht mehr zu rechnen. Bei der Analyse von Jahresabschlüssen besteht aber häufig ein Interesse daran, wie das Unternehmen langfristig finanziell dasteht und mit welchen Gewinnen nachhaltig zu rechnen ist. **Es ist daher sinnvoll, dass außergewöhnliche Ergebnis aus der GuV herauszurechnen**. Sie sollten aber bei ungewöhnlichen Transaktionen oder Ereignissen stets auch die **Gründe für diese hinterfragen**. So kann auch der Verkauf von Anlagevermögen strategisch durchaus sinnvoll sein, wenn es sich dabei um nicht mehr benötigte oder veraltete Vermögenswerte handelt. Es kommt dann auf den jeweiligen Einzelfall an.

▌ Fall 6
Eliminierung von Einmaleffekten aus der GuV

Die Brandmeister Holdings AG erzielte im Jahr 01 Umsatzerlöse i.H.v. 11 Mio. €, hatte operative Aufwendungen i.H.v. 8 Mio. € und Zinsaufwendungen i.H.v. 800.000 €. Aus bislang unerklärten Gründen ist auch die Konzernzentrale abgebrannt und es wurde eine außerplanmäßige Abschreibung i.H.v. 2 Mio. € verbucht. Von welchem nachhaltigen Ergebnis in den Folgejahren der Gesellschaft würden Sie ausgehen? Vernachlässigen Sie zunächst die Steuern.

Der Nettogewinn des aktuellen Jahres beträgt 0,2 Mio. € (= 11 Mio. € – 8 Mio. € – 2 Mio. € – 0,8 Mio. €). Der Brand stand jedoch in keinem Zusammenhang mit dem regulären Geschäftsbetrieb der Brandmeister Holdings AG und es handelt sich (wahrscheinlich) um ein einmaliges, nicht wiederkehrendes Ereignis. Zu einer nachhaltigeren Beurteilung der wirtschaftlichen Leistungsfähigkeit könnte daher dieser Einmaleffekt herausgerechnet werden. Blieben alle anderen Daten des Jahresabschlusses gleich, könnte folglich im nächsten Jahr von einer Erhöhung des Nettogewinns (und des Eigenkapitals) um 2 Mio. € auf dann 2,2 Mio. € ausgegangen werden.

▰ Fall 7
Eliminierung von Einmaleffekten aus der GuV

Wie **Fall 6**, nur diesmal beträgt der anzuwendende Steuersatz 30%.

Sind Steuern zu berücksichtigen, ändert sich die Rechnung wie folgt: Auf die 200.000 € entfallen noch 30% Steuern (60.000 €), sodass der Nettogewinn dann 140.000 € beträgt. Fällt im nächsten Jahr keine außerplanmäßige Abschreibung i.H.v. 2 Mio. € an, erhöht sich damit auch unser Vorsteuerergebnis entsprechend. Wir zahlen dann auf 2,2 Mio. € Steuern, also 660.000 €. Der im nächsten Jahr zu erwartenden Nettogewinn beträgt dann 1,54 Mio. €.

Eine weitere Position, die in eine ähnliche Kerbe wie das außerordentliche Ergebnis schlägt, sind die **Gewinne und Verluste aus aufgegebenen Geschäftsbereichen (engl. Income or Loss From Discontinued Operations)**. Da diese Gewinne bzw. Verluste ebenfalls auf einem einmaligen Ereignis beruhen, werden sie üblicherweise nicht bei der Beurteilung der langfristigen finanziellen Leistung des Unternehmens berücksichtigt.

▰ Fall 8
Umgang mit Gewinnen und Verlusten aus aufgegebener Geschäftstätigkeit

Die Revenue Rollercoaster AG erzielte im Jahr 01 einen Nettogewinn i.H.v. 10 Mio. €. Darin enthalten ist ein Gewinn i.H.v. 8 Mio. € aus der Veräußerung des profitabelsten Geschäftsbereichs. Die Zahlungen aus dem Verkauf wurden zur Tilgung eines Kredits verwendet. Wie beurteilen Sie die langfristige wirtschaftliche Perspektive des Unternehmens? Vernachlässigen Sie die Steuern.

Zunächst ist festzustellen, dass ohne den Verkauf der Nettogewinn lediglich 2 Mio. € beträgt. Der Nettogewinn von 10 Mio. € sollte daher nicht als das nachhaltig erzielbare Ergebnis angesehen werden. Ferner trug der nun veräußerte Geschäftsbereich fundamental zum gesamten Unternehmenserfolg bei. Es ist daher im ersten Schritt zu quantifizieren, wieviel Umsatz/Gewinn mit dem veräußerten Geschäftsbereich erzielt wurde (siehe Lektion 9.2). Mit dieser Information können Sie abschätzen, wie hoch der Umsatz vom restlichen Unternehmen im nächsten Jahr sein wird. Da die Revenue Rollercoaster AG den profitabelsten Geschäftsbereich veräußert hat, ist es fraglich, ob sie das operative Leistungsniveau halten kann.

Zweitens lohnt es sich in den Lagebericht des Managements oder in externe Quellen zu schauen, warum dieser Geschäftsbereich abgestoßen wurde. Handelte es sich hierbei um eine strategische Neuausrichtung des Unternehmens, ist dies sicher anders zu bewerten, als wenn der Verkauf aus finanzieller Not erforderlich war. Drittens sollte hinterfragt werden, wofür der Veräußerungsgewinn verwendet wird. So macht es einen fundamentalen Unterschied, ob der Gewinn etwa in neue Geschäftsbereiche investiert oder für eine Umschuldung genutzt wird. Vorliegend hat die X AG mit den erzielten Mitteln einen Kredit abgelöst und nicht in neue Investitionen gesteckt, die evtl. den Umsatzverlust aus dem abgestoßenen Geschäftsbereich hätten kompensieren können. So werden in dieser Alternative die Zinsaufwendungen eingespart. Langfristig ist daher bei der X AG mit deutlich niedrigeren Umsätzen und Zinsaufwendungen zu rechnen. Je nachdem in welchem Verhältnis diese beiden Effekte zueinander stehen, wäre damit ggf. auch von einem nachhaltig niedrigeren Nettogewinn als 2 Mio. € auszugehen.

Leitsatz 8

Aussagekraft einer GuV

Die Gewinn- und Verlustrechnung erfasst Erträge und Aufwendungen, um den Nettogewinn oder -verlust eines Unternehmens für einen Zeitraum zu ermitteln. Sie wird bei großen Unternehmen mithilfe der periodengerechten Erfolgsermittlung ermittelt. Im Hinblick auf die Aufwendungen unterscheidet man zwischen direkten operativen Kosten (= Umsatzkosten), indirekten Kosten (= sonstige betriebliche Aufwendungen) sowie dem Finanzergebnis und Steuern. Bei einer Bilanzanalyse werden außerordentliche Ergebnisse und das Ergebnis aus aufgegebenen Geschäftsbereichen häufig ausgeklammert, um das nachhaltig erzielbare Ergebnis aus der Geschäftstätigkeit zu erhalten.

3.3 Die Kapitalflussrechnung

Die Kapitalflussrechnung (engl. Cash Flow Statement) bietet einen Überblick über die Geldströme, die in ein Unternehmen hinein- und herausfließen. Das Ziel einer Kapitalflussrechnung besteht darin zu erklären, wie sehr und aus welchen Gründen sich der Kassenbestand eines Unternehmens in einer Periode verändert hat. Diese Veränderung ist aber nicht gleichzusetzen mit dem Nettogewinn des Unternehmens, da in der GuV die Aufwendungen und Erträge erfasst werden. Sie müssen aber nicht notwendigerweise mit dem jeweiligen Zahlungsfluss übereinstimmen. So führt beispielsweise eine Abschreibung zu einem Aufwand, aber zu keinem Zahlungsabfluss. Die Kapitalflussrechnung ist daher eines der informativsten Instrumente, um die Liquidität eines Unternehmens besser zu verstehen.

Es gibt drei Hauptarten von Mittelzu- und -abflüssen, die in einer Kapitalflussrechnung erfasst werden: Mittelflüsse (1) aus operativer Tätigkeit, (2) aus Investitionstätigkeit und (3) aus Finanzierungstätigkeit. Welcher Kategorie eine Zahlung zugeordnet wird, ist größtenteils nach IFRS und US-GAAP einheitlich und eindeutig. Lediglich bei erhaltenen und gezahlten Dividenden und Zinsen kann es hier zu Unterschieden kommen. Die Kapitalflussrechnung bewahrt die Vorzeichen der Kapitalflüsse, wobei Zahlungsausgänge ein negatives und Zahlungseingänge ein positives Vorzeichen haben. Nimmt ein Unternehmen z.B. einen Bankkredit auf und erhält einen Zahlungseingang, so stellt dies einen positiven Mittelzufluss dar.

Mitteflüsse aus operativer Tätigkeit (engl. Cash Flow from Operating Activites) beziehen sich auf die Geldströme aus den operativen Aktivitäten eines Unternehmens. Das umfasst Zahlungen von Kunden für Waren oder Dienstleistungen sowie die Bezahlung von Lieferanten, Löhnen und anderen operativen Ausgaben. Der operative Cashflow gibt an, wie gut ein Unternehmen in der Lage ist, durch seine alltäglichen Geschäftsaktivitäten Bargeld zu generieren. Ein positiver Cashflow aus operativer Tätigkeit ist daher wünschenswert. In Ausnahmesituation (z.B. wenn auf einen Schlag viele neuer Mitarbeiter in der Produktion eingestellt werden oder größere einmalige operative Auszahlungen erforderlich waren) ist aber auch ein vorübergehend negativer operativer Cashflow akzeptabel. Sollten die Mittelflüsse aus operativer Tätigkeit jedoch längerfristig negativ sein, so ist dies ein starkes Anzeichen von finanziellen Problemen des Unternehmens.

Zur Berechnung der Mittelflüsse aus operativer Tätigkeit existieren grundsätzlich zwei unterschiedliche Ansätze: Die direkte und die indirekte Methode. Bei der direkten Methode werden die Mitteflüsse aus der operativen Tätigkeit durch die direkte Erfassung der tatsächlichen Ein- und Auszahlungen im Zusammenhang mit den operativen Aktivitäten ermittelt. Diese Methode bietet eine genaue Darstellung der tatsächlichen Bargeldbewegungen im operativen Bereich; sie ist allerdings sehr aufwendig und daher nicht sehr verbreitet. Bei der indirekten Methode nimmt man das Nettoergebnis aus der GuV als Startpunkt und eliminiert nicht zahlungswirksame Positionen. Dies umfasst z.B. Anpassungen für Abschreibungen oder Veränderungen im Umlaufvermögen und den kurzfristigen Verbindlichkeiten. Die indirekte Methode ist weit verbreitet und erfordert weniger detaillierte Informationen als die direkte Methode.

Bei den Mittelflüssen aus Investitionstätigkeit (engl. Cash Flow From Investing Activities) handelt es sich um die Geldflüsse im Zusammenhang mit der Anschaffung und Veräußerung von langfristigen Vermögenswerten. Dazu gehört beispielsweise der Kauf oder Verkauf von Maschinen, Gebäuden oder anderen Anlagevermögen (z.B. langfristige Kapitalanlagen oder Beteiligungen an Tochtergesellschaften). Nur die liquiden Mittel, die ein Unternehmen für den Erwerb, die Modernisierung und die Instandhaltung seiner Sachanlagen (z.B. Gebäude oder Maschinen) verwendet, sind die sog. Investitionsausgaben (engl. Capital Expenditures, CAPEX).

Ist die Summe der Mittelabflüsse aus Investitionstätigkeit negativ, hat das Unternehmen langfristige Investitionen (= Geldabflüsse) getätigt, um seine operativen Kapazitäten zu steigern und in der Zukunft potenziell mehr Umsätze und Gewinne zu erwirtschaften. Ist die Summe der Mittelflüsse aus Investitionstätigkeit hingegen positiv, so wurde mehr Anlagevermögen verkauft als Investitionen getätigt wurden. Dies ist grundsätzlich ein ungewöhnlicher und tendenziell als negativ zu betrachtender Umstand. Dennoch lohnt es sich innerhalb der Kapitalflussrechnung oder dem sog. Anlagespiegel, der die Zu- und Abgänge im Anlagevermögen auflistet, nachzusehen, um was für Vermögen es sich hierbei gehandelt hat. Wurde beispielsweise unproduktives oder veraltetes Vermögen veräußert, so war die Entscheidung sicherlich sinnvoll. Es kommt daher auf den Einzelfall an.

Um die Wachstumsaussichten des Unternehmens zu beurteilen ist es ferner sinnvoll, die Investitionsausgaben im Zeitablauf zu beobachten und mit den Abschreibungen zu vergleichen. Während Investitionen den Wert des Anlagevermögens steigern, repräsentieren die Abschreibungen den Wertverlust des Anlagevermögens. Gilt daher Investitionsausgaben > Abschreibungen, hat sich der Wert des Anlagevermögens erhöht und das Unternehmen wächst. Im umgekehrten Fall sinkt der Wert des Anlagevermögens. Will das Unternehmen langfristig wettbewerbsfähig sein, sollte der Wert des Anlagevermögens idealerweise zumindest stabil bleiben oder im Laufe der Zeit wachsen. In diesem Zusammenhang ist es auch sinnvoll, die Mittelflüsse aus operativer Tätigkeit ins Verhältnis zu den Investitionsausgaben zu setzen. So können Sie feststellen, ob ein Unternehmen in der Lage ist, aus eigenen Mitteln ausreichend zu investieren oder auf zusätzliche Finanzierungsquellen angewiesen ist.

Werden von den Mittelflüssen aus operativer Tätigkeit die Investitionsausgaben abgezogen, ergibt sich der sog. freie Cash Flow (engl. Free Cashflow). Der freie Cashflow wird oft als eine der wichtigsten Kennzahlen für die finanzielle Stabilität und das langfristige Wachstumspotenzial eines Unternehmens betrachtet. Ein positiver freier Cashflow zeigt an, dass das Unternehmen nach Abzug aller operativen Auszahlungen genügend Mittel für Investitionen und andere strategische Ziele hat. Ein negativer freier Cashflow deutet hingegen darauf hin, dass das Unternehmen zusätzliche Finanzierung benötigen könnte, um seine Aktivitäten aufrechtzuerhalten oder zu expandieren.

Fall 9
CAPEX, Abschreibungen und der freie Cashflow

Adam analysiert die Investitionstätigkeit dreier Unternehmen (A, B und C) und erhebt die nachfolgenden Daten. Berechnen Sie das jeweilige CAPEX-Abschreibungsverhältnis und den freien Cashflow der drei Unternehmen und interpretieren Sie das Ergebnis.

Lektion 3: Jahresabschlussinstrumente verstehen und interpretieren

In Mio. €	A	B	C
Investitionsausgaben (CAPEX)	10	5	5
Abschreibungen	5	7	4
Zahlungsmittel aus operativer Tätigkeit	8	6	10

Unternehmen A hat ein CAPEX-Abschreibungsverhältnis von 10/5 = 200 %. Es befindet sich also auf einem starken Wachstumskurs, denn der Wert des Anlagevermögens hat sich im vergangenen Jahr um 5 Mio. € erhöht. Es wäre nun interessant zu überprüfen, wie die Investitionstätigkeit in den Vorjahren war. Hieran können Sie erkennen, ob durch die aktuellen Investitionen tatsächlich ein effektives Wachstum stattgefunden hat oder ob Unternehmen A in diesem Jahr lediglich einen Investitionsstau aus den Vorjahren abbaut. Auffällig ist ferner, dass das Wachstum in diesem Jahr nicht alleine durch die operativen Zahlungsmittel finanziert werden kann. Vorliegend beträgt der freie Cashflow 2 Mio. € (10 Mio. € – 8 Mio. €) und es sollte mithilfe der Bilanz geklärt werden, wie diese Summe aufgebracht wird. In Frage kämen hierzu die Verwendung von überschüssigen liquiden Mitteln oder die zusätzliche Aufnahme von Eigen- oder Fremdkapital.

Unternehmen B hat die größten Abschreibungen. Zwar decken die aktuellen Zahlungsmittel aus operativer Tätigkeit die Investitionsausgaben (freier Cashflow = 1 Mio. €), allerdings reicht dies nicht aus, um den Werteverlust durch die Abschreibung zu decken. Das Unternehmen schrumpft betragsmäßig und die langfristige Entwicklung sollte beobachtet werden.

Unternehmen C zeigt die vorteilhaftesten Investitionszahlen in diesem Vergleich. Es verzeichnet ein gesundes und nachhaltiges Wachstum, das vollständig durch die operativen Einzahlungen finanziert wird (freier Cashflow = 5 Mio. €).

Schließlich umfassen die Mittelflüsse aus Finanzierungstätigkeit die Geldströme, die mit der Kapitalbeschaffung und -rückzahlung verbunden sind. Dazu gehören beispielsweise die Ausgabe und der Rückkauf von Aktien sowie die Aufnahme und Tilgung von Darlehen.

Aus der Summe der drei Zahlungsmittelkategorien, ergibt sich die Veränderung der liquiden Mittel. Damit besteht ein direkter Zusammenhang zwischen der Bilanz und der Kapitalflussrechnung. Dieser wird an einem Beispiel in der folgenden Übersicht dargestellt.

Übersicht 2: Zusammenhang zwischen der Kapitalflussrechnung und der Bilanz

Kapitalflussrechnung 02 (in Mio. €)		Bilanz 02 (in Mio. €)			
	Zahlungsmittel aus operativer Tätigkeit	2.000	Anlagevermögen	2.800	Eigenkapital	2.500
+	Zahlungsmittel aus Investitionstätigkeit	(1.500)				
=	Freier Cashflow	500	Umlaufvermögen	2.200	Fremdkapital	2.500
	Zahlungsmittel aus Finanzierungstätigkeit	(300)	Umlaufvermögen	1.000		
=	Δ liquide Mittel	200	Forderungen	500		
			Liquide Mittel 01	*500*		
			Δ liquide Mittel	*200*		
			liquide Mittel 02	700		

Leitsatz 9

Die wichtigsten Fragen zur Analyse der Kapitalflussrechnung

Sind die Mittelflüsse aus operativer Tätigkeit positiv oder negativ? Falls sie negativ sind, was ist die Erklärung dafür?

Wie viel Geld hat das Unternehmen in das Wachstum investiert? Stehen diese Investitionen im Einklang mit der Geschäftsstrategie? Hat das Unternehmen die Zahlungsmittel aus der operativen Tätigkeit zur Wachstumsfinanzierung verwendet oder war es auf eine anderweitige Finanzierung angewiesen?

Welche Art von Finanzierungsaktivitäten hat das Unternehmen durchgeführt und wie beeinflussen sie die Mittelflüsse? Hat das Unternehmen ausreichend liquide Mittel im operativen Bereich generiert, um Dividenden zu zahlen und Schulden zu bedienen?

3.4 Weitere Informationsinstrumente des Jahresabschlusses

Neben der GuV, der Bilanz und der Kapitalflussrechnung gibt es noch weitere Informationsinstrumente im Jahresabschluss. Zu den wichtigsten gehören:

Der Anhang (engl. Notes) ist ein integraler Bestandteil des Jahresabschlusses. Er dient dazu, einzelne Bilanz- und GuV-Positionen durch ergänzende quantitative und qualitative Informationen genauer zu erläutern. Möchten wir eine Position besser verstehen, finden wir in der jeweiligen Bilanz- oder GuV-Position eine kleine Fußnote, die auf die entsprechenden Erläuterungen im Anhang verweist. Damit ist der Anhang eine der Hauptinformationsquellen und unverzichtbarer Bestandteil jeder Bilanzanalyse.

Der Lagebericht (engl. Management Report) ist ein (subjektiver) Bericht des Managements, der den Jahresabschluss um qualitative und quantitative Informationen ergänzt. Hier gibt die Unternehmensführung einen Überblick über die wirtschaftliche Lage des Unternehmens, die Entwicklung im Geschäftsjahr und seine Einschätzung über die voraussichtliche Entwicklung in der Zukunft. Er soll ausgewogen über Chancen und Risiken informieren. Im Rahmen einer Bilanzanalyse ist es daher sinnvoll, sich den Lagebericht durchzulesen, um das aktuelle wirtschaftliche Ergebnis einordnen zu können sowie die derzeitige und zukünftige Unternehmensstrategie nachzuvollziehen. Wenn Sie den Lagebericht über mehrere Jahre hinweg analysieren, können Sie ferner beurteilen, ob die Unternehmensführung eine konsistente Strategie verfolgt, wie erfolgreich diese umgesetzt wird und wie sie mit Krisen und Herausforderungen umgeht.

Die Eigenkapitalveränderungsrechnung (engl. Statement of Changes in Equity) zeigt die Veränderungen im Eigenkapital während des Geschäftsjahres auf. Sie stellt dar, welche Ein- und Auszahlungen es gab und wie sich beispielsweise Gewinne oder Verluste auf das Eigenkapital ausgewirkt haben. Eine solche Aufschlüsselung ist erforderlich, weil es auch Geschäftsvorfälle mit direkten Auswirkungen auf das Eigenkapital gibt, die sich aber nicht in der GuV widerspiegeln. Hierzu zählen beispielsweise die Zahlung einer Dividende oder die Kapitalerhöhung durch die Ausgabe neuer Aktien.

Lektion 4: Beurteilung der Qualität der Rechnungslegung und Bilanzpolitik

Bilanzpolitik bezeichnet die bewusste Gestaltung des Jahresabschlusses eines Unternehmens, um bestimmte wirtschaftliche Sachverhalte oder Unternehmenszustände gezielt darzustellen oder zu beeinflussen. Im Kern umfasst die Bilanzpolitik drei wesentliche Aspekte: (1) Die Nutzung von Wahlrechten im Rahmen der Bilanzierungsstandards, (2) die Ausnutzung von Bewertungsspielräumen sowie (3) die Durchführung „außergewöhnlicher" Geschäftstransaktionen. Wir werden uns mit diesen Möglichkeiten sowie der Rolle des Wirtschaftsprüfers in dieser Lektion widmen.

4.1 Ausnutzung von Wahlrechten

In vielen Fällen haben Unternehmen die Möglichkeit, zwischen verschiedenen anerkannten Bilanzierungsstandards zu wählen, um bestimmte Geschäftsvorfälle zu bilanzieren. Diese Wahlmöglichkeiten können sich auf die Art und Weise auswirken, wie bestimmte Posten in der Bilanz oder Gewinn- und Verlustrechnung dargestellt werden. Ein Beispiel hierzu ist die Wahl zwischen verschiedenen Methoden zur Bewertung der Vorräte. In bestimmten Rechnungslegungssystemen kann hierzu die sog. FIFO-Methode (First-In-First-Out) oder LIFO-Methode (Last-In-First-Out) genutzt werden.

Bei der FIFO-Methode wird unterstellt, dass die zuerst beschafften oder hergestellten Vorräte auch zuerst verbraucht oder veräußert werden. Nach dieser Fiktion befinden sich also die zuletzt erworbenen oder hergestellten Bestände auf Lager. Stellen Sie sich einen Silo vor, bei dem oben Weizen hineingeschüttet und von unten entnommen wird. Der zuerst reingeschüttete Weizen wird dann auch als erstes verbraucht. Spiegelbildlich geht man bei der LIFO-Methode davon aus, dass die neuesten Vorräte zuerst verkauft bzw. verbraucht werden. Im Lager bleiben also nur die ältesten Vorräte übrig. Das Bild, das Sie hierzu im Kopf haben können, ist eine Halde bzw. ein Haufen. Wenn Sie Sand oben auf einen Haufen werfen, dann ist dieser zuletzt aufgeschüttete Sand auch der erste, den Sie entnehmen.

Lektion 4: Beurteilung der Qualität der Rechnungslegung und Bilanzpolitik

Die Wahl zwischen diesen Methoden kann daher erhebliche Auswirkungen auf den ausgewiesenen Gewinn und den Wert der Vorräte haben. Wenn nun ein Unternehmen aus den verschiedenen Bilanzierungsoptionen, stets diejenigen wählt, die für das Unternehmen vorteilhafter ist, könnte das ein Anzeichen für Bilanzpolitik sein.

Fall 10
LIFO versus FIFO

Das US-amerikanische Schokoladenunternehmen Delightful Chocolates Inc. (US-GAAP), das auf 100%-ige Schokolade spezialisiert ist, hat am 1. Januar 5.000 kg Kakao im Lager (Einkaufspreis: 4,33 $ pro kg). Während des Jahres kauft das Unternehmen weitere 2.000 kg Kakao für 4,50 $ pro kg. Für die Produktion wurden insgesamt 3.000 kg Kakao verbraucht. Bewerten Sie den Lagerendbestand an Kakao nach der LIFO und der FIFO-Methode. Berechnen Sie ferner den Rohgewinn nach beiden Methoden, wenn die Umsatzerlöse 20.000 $ betragen. Welche Auswirkungen hat die Wahl der Bewertungsmethode auf die Bilanz und die GuV?

Der Lagerendbestand ermittelt sich als Anfangsbestand + Zugänge – Abgänge. In diesem Fall also 5.000 kg + 2.000 kg – 3.000 kg = 4.000 kg, die bewertet werden müssen. Bei der LIFO-Methode wird der zuletzt angeschaffte Kakao zuerst verbraucht. Damit sind die 4.000 kg Kakao, die sich im Lager befinden, mit 4,33 $ pro kg zu bewerten (4.000 kg × 4,33 $ = 17.320 $). Wird hingegen die FIFO-Methode angewendet, wird fiktiv der zuerst angeschaffte Kakao auch zuerst verbraucht (was in der Lebensmittelindustrie auch Standard sein sollte). Der Lagerbestand hat dann einen Wert von 17.660 $ (2.000 kg × 4,50 $ + 2.000 kg × 4,33 $).

Zur Ermittlung des Rohgewinns benötigt man nun die Umsatzkosten (Rohgewinn = Umsatzerlöse – Umsatzkosten). Dies ist im vorliegenden Fall der Wert des verbrauchten Kakaos, d.h. den übrigen 3.000 kg Kakao. Dieser berechnet sich nach den beiden Methoden wie folgt:

LIFO = 2.000 kg × 4,50 $ + 1.000 kg × 4,33 $ = 13.330 $
FIFO = 3.000 kg × 4,33 $ = 12.990 $

Bei Umsatzerlösen in Höhe von 20.000 $ hat die Delightful Chocolates Inc. also einen Rohgewinn von 6.670 $ (LIFO) bzw. von 7.010 $ (FIFO).

Insgesamt führt die Wahl des FIFO-Verfahren somit zu einem höheren Wert der Vorräte und zu einem höheren Rohgewinn.

> ## Leitsatz 10
>
> **Aussagekraft des Werts des Vorratsvermögens bei Anwendung LIFO- und FIFO-Verfahren**
>
> Haben Sie zwei Unternehmen, von denen eine das FIFO-Verfahren und das andere das LIFO-Verfahren anwendet, dann sind die Bilanzen nur eingeschränkt miteinander vergleichbar. Das LIFO-Verfahren führt dazu, dass fiktiv der Lagerbestand aus den ältesten Vorräten besteht, der auch mit den alten Preisen bewertet wird. Haben sich die Preise inzwischen geändert, handelt es sich somit um veraltete Preise, die nicht den aktuellen Marktwert des Vorratsvermögens widerspiegeln. Um die Vergleichbarkeit und Aktualität der Bewertung zu verbessern ist daher das LIFO-Verfahren nach den IFRS unzulässig. Nach US-GAAP und HGB ist es hingegen erlaubt.

Durch die Wahl der Bilanzierungsmethoden kann ein Unternehmen also erheblichen Einfluss auf die Werte im Jahresabschluss nehmen. Glücklicherweise sind Unternehmen regelmäßig dazu verpflichtet, ihre Bilanzierungspraktiken offen zu legen und diese transparent zu dokumentieren. Dies ermöglicht es, die angewendeten Bilanzierungsentscheidungen zu verstehen und zu beurteilen. Es ist zudem sinnvoll, die Bilanzpolitik des zu untersuchenden Unternehmens mit den gängigen Praktiken in der jeweiligen Branche zu vergleichen. Gibt es dort Abweichungen kann dies ebenfalls ein Indiz für Bilanzpolitik sein.

■ Fall 11
Bilanzpolitik durch unterschiedliche Nutzungsdauern

Zoë beschäftigt sich mit der Analyse von Jahresabschlüssen europäischer Fluggesellschaften. Dabei fällt ihr auf, dass die Bluestar ihre Flugzeuge über 12 Jahre linear abschreibt und dabei einen Restwert von 15 % der historischen Anschaffungskosten unterstellt. Im Gegensatz dazu schreiben die Mitbewerber ihre Flugzeuge durchschnittlich linear über 25 Jahre ohne Restwert ab. Zoë fragt sich, welche bilanziellen Auswirkungen nach IFRS dies hat?

Lektion 4: Beurteilung der Qualität der Rechnungslegung und Bilanzpolitik

Die planmäßige Abschreibung eines Vermögenswerts bestimmt sich nach der Nutzungsdauer. Nach den IFRS ist die Nutzungsdauer eines Flugzeugs der Zeitraum, über den der Vermögenswert voraussichtlich vom Unternehmen genutzt wird. Die Nutzungsdauer kann von verschiedenen Faktoren beeinflusst werden wie z.B. von der physischen Abnutzung oder dem technischen Fortschritt. Die Bluestar AG hat also einen **Bewertungsspielraum**, da die IFRS keine feste Nutzungsdauer vorgegeben.

Übersetzt man die Nutzungsdauer in eine planmäßige Abschreibung ergibt sich:

Bluestar: $\frac{(1-0{,}15)}{12} = \sim 7{,}1\,\% \text{ p.a.}$ Mitbewerber: $\frac{1}{25} = 4\,\% \text{ p.a.}$

Die Abschreibung der Bluestar AG ist damit deutlich höher, als die der Konkurrenz. Bilanziell bedeutet dies, dass in den nächsten zwölf Jahren, die Vermögenswerte der Bluestar AG niedriger bewertet und sie einen höheren Abschreibungsaufwand hat. Es findet damit eine tendenzielle Unterbewertung statt. Dieser Effekt dreht sich dann im dreizehnten Jahr der Nutzung um. Es stellt sich in diesem Moment die Frage, ob es für dieses Ergebnis wirtschaftliche Gründe gibt. Das wäre beispielsweise dann der Fall, wenn die Bluestar AG tatsächlich deutlich schlechtere Flugzeuge als die Konkurrenz besäße und diese daher schneller abzuschreiben sind. Um dies zu überprüfen, sollte sich Zoë daher den Flottenbestand sämtlicher Unternehmen ansehen. Als eine weitere Erklärung käme auch in Betracht, dass die höhere Abschreibung der Bluestar AG bilanzpolitisch motiviert war und sich die Bluestar AG schlechter (!) darstellen wollte (z.B. um Steuern zu sparen). Zoë sollte daher nach weiteren bilanzpolitischen Wahlrechten schauen und prüfen, wie die Bluestar diese im Vergleich zur Konkurrenz ausgeübt hat.

Auch der sog. **Stetigkeitsgrundsatz (engl. Consistency Principle),** der in vielen Rechnungslegungssystemen verankert ist (u.a. HGB, IFRS und US-GAAP), reduziert die Möglichkeiten eines Unternehmens, Bilanzpolitik zu betreiben. Dieser Grundsatz besagt, dass die einmal gewählten Bilanzierungs- und Bewertungsmethoden von einem Unternehmen grundsätzlich über mehrere Perioden hinweg konstant gehalten werden sollten und nur in begründeten Ausnahmefällen geändert werden dürfen. Sowohl die IFRS als auch US-GAAP verlangen, dass Unternehmen im Anhang zu ihren Jahresabschlüssen ausführliche Informationen über jede Änderung der Bilanzierungs- oder Bewertungsmethoden bereitstellen. Dabei sollten die Gründe für die Änderung, die Auswirkungen auf den Jahresabschluss und der Zeitpunkt der Umstellung angegeben werden. Sie sollten diese Informationen in Ihre Analyse unbedingt miteinbeziehen.

4.2 Ausnutzung von Bewertungsspielräumen

Die zweite Möglichkeit Bilanzpolitik zu betreiben, bezieht sich auf den Einsatz von Schätzungen und Bewertungsmethoden in der Rechnungslegung. Viele Positionen in der Bilanz und der Gewinn- und Verlustrechnung erfordern Schätzungen, da es oft schwierig ist, exakte Werte festzulegen. Hierbei verfügen Unternehmen über einen gewissen Spielraum. Ein klassischer Fall, wo eine Schätzung erforderlich ist, sind die sog. Rückstellungen. Diese werden in der Bilanz eines Unternehmens ausgewiesen, um bereits heute zukünftige Verpflichtungen oder Risiken angemessen zu berücksichtigen, deren genaues Ausmaß oder Zeitpunkt jedoch noch ungewiss sind.

▰ Fall 12
Auswirkungen von Schätzungen auf den Jahresabschluss

Mijat arbeitet am neuesten Jahresabschluss der Ramsch AG (IFRS) und muss nun eine Rückstellung für zu erwartende Garantiekosten bilden. Aus den vergangenen Jahren weiß er, dass durchschnittlich 2 % der Produkte einen Garantiefall auslösen. Allerdings hat das Management in diesem Jahr stark in die Qualität der Produkte investiert, sodass das Management mit einer Halbierung der Garantiefälle im kommenden Jahr rechnet. Die Umsatzerlöse betragen dieses Jahr 1 Mio. €. Wie hoch sollte Mijat die Garantierückstellungen ansetzen und inwiefern beeinflusst dies das Jahresergebnis?

Natürlich kann Mijat nicht in die Zukunft reisen, um die tatsächlich auftretenden Garantiefälle in Erfahrung zu bringen. Dennoch verlangen die IFRS, dass die Ramsch AG bereits heute die zukünftige Höhe der Garantiekostenrückstellung bestmöglich abschätzt. Er muss also verschiedene Faktoren, wie z.B. der Anzahl der erwarteten Garantiefälle und die geschätzten Reparaturkosten mit in ihre Überlegungen einbeziehen. Eine konservative Schätzung (z.B. der bisherige Erfahrungswert von 2 %) deckt zwar mögliche zukünftige Kosten besser ab, führt aber zu einer höheren Rückstellung i.H.v. 20.000 € (1 Mio. € × 2 %). Demgegenüber könnten auch die aktuellen Investitionen des Managements in die Qualitätssicherung eine Rückstellung von i.H.v. 10.000 € rechtfertigen (1 Mio. € × 1 %). Die Bildung / Erhöhung einer Rückstellung führt handelsrechtlich zu einem Aufwand. Damit beeinflusst die Wahl der Schätzungsgrundlage in Bezug auf die Garantiekosten unmittelbar den ausgewiesenen Gewinn und das Eigenkapital des Unternehmens.

Eine rückblickende Analyse der ursprünglichen Schätzungen kann Aufschluss darüber geben, ob bestimmte Annahmen oder Faktoren unzureichend berücksichtigt wurden. Im Beispiel der Garantierückstellungen z.B. kann im Jahresabschluss des nächsten Jahres geschaut werden, inwieweit die Prognose zutreffend war. Es ist an dieser Stelle wichtig zu betonen, dass eine gewisse Bandbreite bei Schätzungen völlig normal ist, da viele finanzielle Prognosen mit Unsicherheiten behaftet sind. Eine Abweichung von der Prognose ist daher eher der Regelfall als die Ausnahme und damit nur bedingt ein Indikator für Bilanzpolitik. Dennoch sollten signifikante Abweichungen zwischen den tatsächlichen Ergebnissen und den ursprünglichen Schätzungen sorgfältig untersucht und, wenn nötig, angepasst werden.

Leitsatz 11

Bilanzpolitik

Bilanzpolitik bezieht sich auf die strategische Gestaltung und Darstellung von Bilanzpositionen, um bestimmte Ziele zu erreichen (z.B. ein möglichst hoher Gewinn). Als gängige Methoden kommen hierzu u.a. die geschickte Ausnutzung von Wahlrechten oder Schätzungsspielräumen in Betracht. Unternehmen sind aber verpflichtet, ihre Bilanzierungspraktiken offenzulegen. Eine vollständige Bilanzanalyse bezieht eine Untersuchung dieser Praktiken mit ein. Zu achten ist dann insbesondere auf geänderte Bilanzierungs- und Bewertungsmethoden sowie ein Abweichen von einem „Branchenstandard". Die Genauigkeit von Schätzungen kann mithilfe der kommenden Jahresabschlüsse beurteilt werden.

4.3 Durchführung von (ungewöhnlichen) Geschäftstransaktionen

Eine weitere Form der Bilanzpolitik ist die sog. Bilanzkosmetik (engl. Window Dressing). Hierbei führt das Unternehmen gesetzlich erlaubte Transaktionen kurz vor oder nach dem Bilanzstichtag durch, um den Jahresabschluss kurzfristig möglichst gut aussehen zu lassen. Dies kann beispielsweise das Vorziehen eines Großauftrages mit entsprechender Gewinnrealisierung im aktuellen Geschäftsjahr sein. Auch der Verkauf von Anlagevermögen oder die Umschuldung von kurzfristigen Verbindlichkeiten zu langfristigen, um die kurzfristige Liquiditätssituation zu verbessern, zählen zu dieser Kategorie. Umgekehrt können auch „negative" Transaktionen, wie beispielsweise die Durchführung erforderlicher Reparaturmaßnahmen, dem Bilanzstichtag nachgelagert werden, um das Jahresergebnis zu verbessern. Durch die Beobachtung der Bilanz- und GuV-Positionen im Zeitablauf, können diese Transaktionen identifiziert werden (siehe Lektion 5.3). Auch ein Blick in das außerordentliche Ergebnis lohnt sich an dieser Stelle, um Einmaleffekte zu identifizieren und zu eliminieren (siehe Lektion 3.2).

Abzugrenzen ist die legale Bilanzkosmetik von rechtswidrigen Handlungen wie Bilanzfälschung, Bilanzfrisur und Bilanzverschleierung. Bei diesen Handlungen werden Jahresabschlusspositionen vorsätzlich unrichtig wiedergegeben, verschleiert, verschwiegen oder es werden nicht existierende Positionen hinzugefügt. Zur Vermeidung von Bilanzskandalen wurden sowohl in der EU als auch in den USA verschiedene Gesetze und Richtlinien erlassen, um die Transparenz und Integrität der Finanzberichterstattung zu gewährleisten. Auch Wirtschaftsprüfer spielen hierbei eine entscheidende Rolle. Wie der spektakuläre Fall von Wirecard zeigt, lassen sich allerdings Bilanzskandale nie ganz ausschließen.

4.4 Die Rolle von Wirtschaftsprüfern

Eine zentrale Hilfestellung bei der Beurteilung von Jahresabschlüssen leisten unabhängige Wirtschaftsprüfer. Sie prüfen die Finanzberichte eines Unternehmens, um sicherzustellen, dass diese den geltenden Rechnungslegungsstandards entsprechen und frei von wesentlichen Fehlern oder Irreführungen sind. Diese Prüfung umfasst u.a. auch, ob die Schätzungen eines Unternehmens angemessen sind und ob eine Ausnahme

Lektion 4: Beurteilung der Qualität der Rechnungslegung und Bilanzpolitik

vom Stetigkeitsgrundsatz vorliegend gerechtfertigt ist. Wirtschaftsprüfer stellen damit die Integrität und Zuverlässigkeit der Finanzberichterstattung sicher und erschweren als Kontrollorgan kriminelle Handlungen, wie die Bilanzfälschung.

Im Rahmen der Abschlussprüfung wird ein Prüfungsurteil (Testat) abgegeben, wobei zwischen einem uneingeschränkten, eingeschränktem und einem Negativtestat unterschieden wird. Ein uneingeschränktes Testat wird erteilt, wenn die Jahresabschlüsse eines Unternehmens in allen wesentlichen Belangen ordnungsgemäß dargestellt sind und den geltenden Rechnungslegungsstandards entsprechen. Dies bedeutet, dass keine wesentlichen Mängel oder Fehler gefunden wurden. Ein eingeschränktes Testat hingegen wird erteilt, wenn die Jahresabschlüsse im Wesentlichen korrekt sind, aber bestimmte Bereiche oder Positionen eine Ausnahme darstellen. Das bedeutet, dass es spezifische Mängel oder Unsicherheiten gibt, die aufgeführt werden. Bei einer Analyse sollten Sie besonders auf die vom Wirtschaftsprüfer identifizierten Einschränkungen achten und diese bei ihrer Analyse berücksichtigen. Ein Negativtestat wird schließlich ausgestellt, wenn der Jahresabschluss wesentliche Fehler oder Irreführungen enthält und nicht den geltenden Rechnungslegungsstandards entspricht. In diesem Fall ist das Vertrauen in den Jahresabschluss derart erschüttert, dass sich die berechtigte Frage stellt, ob eine Analyse überhaupt sinnvoll ist. Zum Glück sind Negativtestate in der Praxis die absolute Ausnahme.

Die Einschätzung der Wirtschaftsprüfer ist damit ein unverzichtbarer Bestandteil einer jeder Bilanzanalyse und sollte unbedingt zur Kenntnis genommen werden. Hinzuweisen ist an dieser Stelle aber unbedingt auf die sog. Erwartungslücke (engl. Expectation Gap). Dies bezieht sich auf die Diskrepanz zwischen den Erwartungen der Öffentlichkeit und der tatsächlichen Wahrnehmung der Aufgaben und Verantwortlichkeiten von Wirtschaftsprüfern. Oft wird nämlich von der Öffentlichkeit erwartet, dass uneingeschränkte Testate nur für finanziell besonders solide und profitable Unternehmen vergeben werden. Diese Erwartung wird allerdings häufig enttäuscht, da das Testat in erster Linie die Korrektheit der finanziellen Berichterstattung bestätigt. Aus diesem Grund hilft uns das Testat zwar dabei, die Verlässlichkeit der Daten des Jahresabschlusses zu validieren, die eigentliche Analysearbeit beginnt aber dann erst.

Leitsatz 12

Die Rolle von Wirtschaftsprüfern

Wirtschaftsprüfer haben die Aufgabe, die **finanzielle Berichterstattung von Unternehmen zu überprüfen**, um deren Richtigkeit und Übereinstimmung mit den geltenden Standards sicherzustellen. Am Ende der Prüfung steht dann das **Testat**, dass der Abschluss ordnungsgemäß ist (uneingeschränktes Testat), mit Ausnahmen ordnungsgemäß ist (eingeschränktes Testat) oder nicht den geltenden Vorschriften entspricht (Negativtestat). Sie überprüfen allerdings grundsätzlich nicht die finanzielle Leistung eines Unternehmens (sog. **Erwartungslücke**).

Lektion 5: Grundlegende Techniken zur Analyse von Jahresabschlüssen

5.1 Kennzahlen

Finanzkennzahlen stellen das Fundament jeder Bilanzanalyse dar, denn mit ihrer Hilfe ist es möglich, sich schnell ein umfassendes Bild über die finanziellen Stärken und Schwächen eines Unternehmens zu machen. Der mathematische Anspruch bei ihrer Berechnung ist indes überschaubar. So ermittelt sich der Großteil dieser Kennzahlen aus dem Verhältnis zweier ökonomischer Größen. Beispielsweise muss für den durchschnittlichen Gewinn je Kunde, der Gewinn durch die Anzahl der Kunden geteilt werden. In diesem Buch werden wir uns Profitabilitäts-, Rentabilitäts-, Produktivitäts-, Liquiditäts- und Solvenzkennzahlen genauer anschauen und interpretieren. Bitte beachten Sie den folgenden wichtigen Leitsatz.

> ## Leitsatz 13
> **Unterschiedliche Berechnung von Kennzahlen**
>
> Wir werden in diesem Buch zahlreiche Kennzahlen diskutieren, die Sie bitte nicht auswendig lernen. Sie stellen lediglich Werkzeuge dar, mit deren Hilfe Sie die finanzielle Lage eines Unternehmens besser einschätzen können. **Es gibt aber keine verpflichtende und richtige Berechnungsformel**. Aus diesem Grund werden Sie in anderen Lehrbüchern sicherlich auch abweichende Definitionen derselben Kennzahl sehen. Entscheidend ist, dass Sie den **fachlichen Inhalt und Hintergrund der Kennzahl verstehen**. So wird es Ihnen leicht fallen, die Aussagekraft der abweichend berechneten Kennzahl nachvollziehen und beurteilen zu können.

Zahlreiche Kennzahlen sind zudem stark branchenabhängig. Bei einem Automobilhersteller werden die Kennzahlen betragsmäßig anders ausfallen als beispielsweise bei einer Unternehmensberatungsgesellschaft. Es ist somit für Analysten nicht sinnvoll, Kennzahlen von Unternehmen aus verschiedenen Branchen miteinander zu vergleichen. Umgekehrt werden Sie zahlreiche Erkenntnisse gewinnen, wenn Sie die Kennzahlen des Unternehmens mit denen der Mitbewerber oder einem Branchendurchschnitt vergleichen.

Ebenfalls sinnvoll ist es, die Entwicklung von Kennzahlen im Zeitablauf zu verwenden, wodurch Trends identifiziert werden können. Insbesondere geht es darum zu beobachten, ob sich eine bestimmte Kennzahl verbessert hat, verschlechtert hat oder stabil geblieben ist. Auch eine Einschätzung über die Effektivität der Unternehmensstrategie und ergriffener betriebswirtschaftlicher Maßnahmen ist so möglich. Diese Informationen sind entscheidend für die Einschätzung der langfristigen Performance eines Unternehmens.

Die Erhebung dieser Kennzahlen kann dabei aber sehr schnell sehr aufwendig werden. Insbesondere wenn Sie mehrere Unternehmen über einen gewissen Zeitraum vergleichen wollen werden Sie sehr rasch zahlreiche Daten sammeln. Diese Tatsache machen sich diverse Finanzinformationsdienstleister zunutze und stellen diese Informationen (häufig kostenpflichtig) zur Verfügung. Grundsätzlich ist nichts dagegen einzuwenden, auf diesen Service zurückzugreifen, wenn Sie die folgenden zwei Dinge beachten. Erstens stellen die reinen Kennzahlen keine vollständige Bilanzanalyse dar, da strategische Aspekte unberücksichtigt bleiben. So werden i.d.R. die essentiellen Zusatzinformationen des Anhangs und des Lageberichts nicht zur Verfügung gestellt. Ein Blick in den tatsächlichen Jahresabschluss wird Ihnen daher nicht erspart bleiben. Zweitens sollten Sie, um die Vergleichbarkeit der Kennzahlen zu gewährleisten, sämtliche Informationen von einem Anbieter einholen und es vermeiden, die Daten von unterschiedlichen Anbietern zu mischen.

5.2 Vertikale Bilanzanalyse

Eines der wichtigsten Werkzeuge bei der Beurteilung von Jahresabschlüssen ist die vertikale und horizontale Analyse. Bei der vertikalen Analyse (engl. Common-Size-Analysis) wird jeder Posten eines Jahresabschlusses als Prozentsatz eines Basispostens ausgedrückt. Bei der GuV ist dieser Basisposten der Gesamtumsatz. Eine vertikale Analyse der GuV zeigt damit den Anteil der Umsatzerlöse an, der für jeden Aufwandsposten ausgegeben wird. Bei einer vertikalen Analyse der Bilanz ist der Basisposten das Gesamtvermögen. Das Ergebnis dieser Analyse zeigt an, wieviel Prozent des Gesamtvermögens in die einzelnen Vermögenswerte investiert ist und wieviel Prozent des Gesamtvermögens mit Eigen- und Fremdkapital finanziert sind.

Die vertikale Bilanzanalyse hat damit zahlreiche Vorteile. So hilft sie zum einen dabei, die relative Bedeutung jeder Position im Vergleich zum Gesamtbetrag zu verstehen. Dadurch können Ungleichgewichte oder problematische Bereiche leichter erkannt werden. Beispielsweise könnte eine besonders hohe Kostenposition im Verhältnis zum Umsatz ein Anzeichen für Effizienzprobleme sein. Ein zu hoher Anteil an Fremdkapital könnte z.B. auf eine Störung des finanziellen Gleichgewichts in der Zukunft hindeuten.

Ein weiterer Vorteil ist, dass die einzelnen Bilanz- und GuV-Positionen als Prozentzahlen des Umsatzes bzw. des Gesamtvermögens und nicht als absolute Werte angegeben werden. Dadurch lässt sich einfacher die finanzielle Leistungsfähigkeit und Vermögenszusammensetzung verschiedener Unternehmen vergleichen, insbesondere wenn diese in unterschiedlichen Währungen arbeiten oder unterschiedliche Größenordnungen haben. Es ist z.B. nicht überraschend, dass ein großes multinationales Unternehmen deutlich mehr Umsatz generiert, als ein kleineres lokales Unternehmen. Dennoch kann das kleine lokale Unternehmen deutlich profitabler sein, als der multinational operierende Großkonzern. Diese Unterschiede werden durch die vertikale Analyse sichtbar.

■ Fall 13
Vertikale Bilanzanalyse der Gewinn- und Verlustrechnung

Führen Sie für die nachfolgende GuVs der X AG (IFRS) und die Y Inc. (US-GAAP) eine vertikale Analyse durch und interpretieren Sie das Ergebnis.

		X AG (in Mio. €)	Y Inc. (in Mio. $)
	Umsatzerlöse	1.000	3.000
−	Umsatzkosten	300	1.500
=	**Rohgewinn**	**700**	**1.500**
−	Sonstige betriebliche Aufwendungen	500	500
=	**Betriebsgewinn (EBIT)**	**200**	**1.000**
−	Finanzergebnis	100	800

− **Vorsteuergewinn**	100	200
Steuern auf das Einkommen	30	42
= **Nettogewinn**	70	158

Zur Durchführung einer vertikalen Analyse sind alle GuV-Posten durch die Umsatzerlöse zu teilen. Hier also 1.000 Mio. € (X AG) bzw. 3.000 Mio. $ (Y Inc.).

Es ergibt sich dann das folgende Bild:

	X AG (in Mio. €)	Y Inc. (in Mio. $)
Umsatzerlöse	100 %	100 %
− Umsatzkosten	30 %*	50 %**
= **Rohgewinn**	**70 %**	**50 %**
− Sonstige betriebliche Aufwendungen	50 %	16,7 %
= **Betriebsgewinn (EBIT)**	**20 %**	**33,3 %**
− Finanzergebnis	10 %	26,7 %
− **Vorsteuergewinn**	**10 %**	**6,6 %**
Steuern auf das Einkommen	3 %	1,4 %
= **Nettogewinn**	**7 %**	**5,2 %**

* Berechnungsbeispiel: $\frac{300\,€}{1.000\,€} = 30\,\%$ ** Berechnungsbeispiel: $\frac{1.500\,\$}{3.000\,\$} = 50\,\%$

Auf den ersten Blick ist es auffällig, dass die X AG absolut gesehen deutlich weniger Umsatz und Gewinn erzielt, als der Konkurrent aus den USA. Es ist wahrscheinlich anzunehmen, dass die Y Inc. auch über mehr Vermögenswerte verfügt. An diesem Ergebnis könnte sich zwar in Abhängigkeit des Euro/US-Dollar Wechselkurses noch etwas ändern, allerdings ist dank der vertikalen Analyse eine Umrechnung nicht erforderlich und auch die möglichen Größenunterschiede der beiden Unternehmen werden bedeutungslos.

Betrachten wir die normierte GuV der X AG stellen wir fest, dass 50 % des Umsatzes durch sonstige betriebliche Aufwendungen verloren geht. Dies ist deutlich mehr als die Umsatzkosten, die nur mit 30 % zu Buche schlagen. Die X AG hat also besonders hohe Aufwendungen in Bereichen, die nur indirekt mit dem eigentlichen Geschäftsbetrieb zu tun haben. Mögliche Erklärungsansätze hierfür wären hier beispielsweise aufwendige Marketingkampagnen oder ein großer Verwaltungsapparat. Bei der Y Inc. wiederum, sind die Umsatz- und Finanzkosten besonders hoch im Verhältnis zum Umsatz (50 % bzw. 26,7 %). Hierfür könnten z.B. höhere Rohstoffpreise und eine größere Verschuldung im Vergleich zur X AG verantwortlich sein. Es lohnt sich daher zum einen, die Aufwendungen vor dem Hintergrund der Unternehmensstrategie zu sehen. Zum anderen sollte der Fokus der kommenden Analysen auf die wesentlichen Erfolgstreiber gelegt werden.

Leitsatz 14

Vertikale Bilanzanalyse

Die vertikale Analyse wandelt jede GuV- und Bilanzposition in einen Prozentsatz eines Basispostens um. Der Basisposten der GuV ist der Gesamtumsatz; bei der Bilanz ist es das Gesamtvermögen. Dadurch wird die relative Bedeutung einzelner Positionen deutlich. Dies ermöglicht einen klaren Einblick in die finanzielle Struktur und Leistung eines Unternehmens und erleichtert den Vergleich mit anderen Unternehmen, unabhängig von ihrer Größe oder Währung.

5.3 Horizontale Bilanzanalyse

Die horizontale Bilanzanalyse (engl. Horizontal Analysis) ist eine Methode zur Untersuchung von Finanzdaten über mehrere aufeinanderfolgende Perioden hinweg, um Trends, Muster und Veränderungen im finanziellen Zustand eines Unternehmens zu identifizieren. Dabei werden die absoluten Zahlen der Bilanz- und GuV-Positionen in verschiedenen Perioden verglichen, um festzustellen, ob sie sich erhöht, verringert oder stabilisiert haben. Dies geschieht mit folgender Formel:

$$\frac{\text{Aktueller Wert} - \text{Vorjahreswert}}{\text{Vorjahreswert}} = \frac{\text{Aktueller Wert}}{\text{Vorjahreswert}} - 1 \qquad (2)$$

Wie viele Jahre in die Analyse einbezogen werden, hängt von den spezifischen Anforderungen der Situation und den Zielen der Analyse ab. Als Faustregel wird aber oft empfohlen, mindestens drei bis fünf Jahre in die Bilanzanalyse einzubeziehen. Diese Zeitspanne ermöglicht es, langfristige Trends und Entwicklungen zu erkennen und saisonale Schwankungen zu berücksichtigen.

Ein in den letzten Jahren stetig gestiegenes Eigenkapital eines Unternehmens, könnte ein Zeichen für gesundes Wachstum und finanzielle Stabilität sein. Gehen umgekehrt z.B. die Umsätze plötzlich stark zurück, könnte das auf einen Abschwung im Geschäft hindeuten. In diesem Fall lohnt sich ein Blick in den Lagebericht des Unternehmens, um herauszufinden, inwieweit die Geschäftsstrategie auf die geänderten Marktbedingungen angepasst worden ist. Jahre später kann dann mit Hilfe der horizontalen Analyse beurteilt werden, ob die neue Unternehmensstrategie erfolgreich war.

Fall 14
Horizontale Bilanzanalyse der Gewinn- und Verlustrechnung

Führen Sie für die nachfolgende GuV der X AG (IFRS) eine horizontale Analyse für die Jahre 01 bis 03 durch und interpretieren Sie das Ergebnis. Welche Maßnahmen könnten für diesen Trend verantwortlich sein?

	in Mio. €	01	02	03
	Umsatzerlöse	500	550	620
−	Umsatzkosten	300	400	450
=	**Rohgewinn**	**200**	**150**	**170**
−	Vertriebskosten	50	55	60
−	Verwaltungskosten	30	35	40
=	**Betriebsgewinn (EBIT)**	**120**	**60**	**70**
−	Zinsaufwendungen	100	30	10
=	**Vorsteuergewinn**	**20**	**30**	**60**
	Steuern auf das Einkommen	6	9	18
=	**Nettogewinn**	**14**	**21**	**42**

Bei der Durchführung der horizontalen Bilanzanalyse bleibt das Jahr 01 als Basisjahr erhalten. Anschließend berechnen wir die prozentuale Veränderung aller Werte vom Jahr 01 zu 02 bzw. vom Jahr 02 zu 03. Wir erhalten das folgende Ergebnis.

in Mio. €	01	02	Veränderung (in %)	03	Veränderung (in %)
Umsatzerlöse	500	550	+ 10*	620	+ 12,7**
− Umsatzkosten	300	400	+ 33,3	450	+ 12,5
= **Rohgewinn**	200	150	− 25	170	+ 13,3
− Vertriebskosten	50	50	0	50	0
− Verwaltungskosten	30	30	0	30	0
= **Betriebsgewinn (EBIT)**	120	70	− 41,7	90	+ 28,7
− Zinsaufwendungen	100	30	−70	10	− 66,7
− **Vorsteuergewinn**	20	40	+ 100	80	+ 100
Steuern auf das Einkommen	6	12	+ 100	24	+ 100
= **Nettogewinn**	14	28	+ 100	56	+ 100

* Berechnungsbeispiel: $\frac{550 \text{ Mio. €}}{500 \text{ Mio. €}} - 1 = 10\%$ ** Berechnungsbeispiel: $\frac{620 \text{ Mio. €}}{550 \text{ Mio. €}} - 1 = 12,7\%$

Zunächst fällt positiv auf, dass die X AG die Umsatzerlöse kontinuierlich steigern konnte (+10 % bzw. +12,7 %). Weil allerdings im Jahr 02 die Umsatzkosten stärker anstiegen als die Umsatzerlöse, sank der Rohgewinn um 25 % ab. Dieser Trend konnte aber im Jahr 03 gestoppt werden. Im Hinblick auf die Vertriebs- und Verwaltungskosten gab es keine Veränderungen. Demgegenüber sanken die Zinsaufwendungen drastisch im Verlauf der drei Jahre ab, was zu einer deutlichen Erhöhung des Nettogewinns führte, sodass die finanzielle Entwicklung der X AG als sehr positiv zu bewerten ist. Im Rahmen einer Bilanzanalyse sollten Sie nun versuchen zu verstehen, warum beispielsweise die Zinsen so stark gesunken sind. Ursächlich könnte beispielsweise eine Eigenkapitalerhöhung oder eine andere Finanzierungsmaßnahme sein.

Eine horizontale Analyse kann nicht nur mit den Werten aus der Bilanz oder der GuV durchgeführt werden, sondern auch mit **Kennzahlen.** Schließlich kann man auch aus den Veränderungen von Kennzahlen wertvolle Informationen über den finanziellen Zustand eines Unternehmens gewinnen. Beobachten wir beispielsweise, dass die Rohgewinnmarge im Zeitablauf angestiegen ist $\left(\frac{\text{Umsatzerlöse} - \text{Umsatzkosten} = \text{Rohgewinn}}{\text{Umsatzerlöse}}\right)$, so kann dies auf gestiegene Umsatzerlöse oder gesunkene Umsatzkosten (oder beides) zurückzuführen sein. Auch hier lohnt es sich zu recherchieren, welche Ursache für die Veränderung der Inputfaktoren entscheidend war. Am Beispiel der Rohgewinnmarge könnten z.B. die Umsatzerlöse infolge einer erfolgreichen neuen Produktplatzierung gestiegen sein. Im Lagebericht des Unternehmens oder aus externen Quellen können Sie hierzu Informationen erlangen.

Leitsatz 15

Horizontale Bilanzanalyse

Die horizontale Analyse vergleicht Finanzdaten über mehrere aufeinanderfolgende Perioden, um Trends, Muster und Veränderungen im finanziellen Zustand eines Unternehmens zu identifizieren. Sie ermöglicht damit die Beurteilung der langfristigen Entwicklung und Stabilität anhand von Kennzahlen. Die horizontale Bilanzanalyse ergänzt damit die vertikale Analyse. Zusammen bieten beide Methoden ein umfassendes Bild des finanziellen Zustands und der Leistung eines Unternehmens im Zeitablauf.

II. Strategische Bilanzanalyse

Jede umfassende Bilanzanalyse beginnt mit einer sog. Branchenstrukturanalyse bei der die Wettbewerbsstruktur und die charakteristischen Merkmale einer bestimmten Industrie untersucht werden. Das Ziel dieser Analyse ist es, die spezifischen Wettbewerbsfaktoren und -bedingungen innerhalb einer Branche zu identifizieren. Anschließend muss in einem zweiten Schritt die spezifische Unternehmensstrategie identifiziert und bewertet werden. Diese bestimmt, wie sich das Unternehmen von seinen Wettbewerbern abhebt, um nachhaltig wettbewerbsfähig und erfolgreich zu sein.

Lektion 6: Analyse des Geschäftsumfelds (Porters Fünf-Kräfte-Modell)

Die Branchenstrukturanalyse befasst sich mit der Untersuchung der spezifischen Merkmale und Wettbewerbsfaktoren einer bestimmten Industrie. Dazu gehören Aspekte wie die Anzahl der Marktteilnehmer, ihre relative Größe, die Art der angebotenen Produkte oder Dienstleistungen und die Barrieren für den Markteintritt. Des Weiteren sind auch externe Einflüsse wie regulatorische Rahmenbedingungen, technologische Entwicklungen und Veränderungen im Kundenverhalten wichtige Faktoren. Eine gründliche Branchenstrukturanalyse ermöglicht es, die Wettbewerbsdynamik zu verstehen und die Attraktivität des Marktes, d.h. dessen Profitabilität, zu beurteilen.

Eine der effektivsten Methoden zur Durchführung einer Branchenstrukturanalyse ist das vom Harvard-Professor Michael E. Porter entwickelte sog. Fünf-Kräfte-Modell (engl. Five Forces). Grundidee dieses Modells ist es, wie der Name schon erahnen lässt, dass die Wettbewerbsintensität und die Profitabilität einer Branche von insgesamt fünf Kräften beeinflusst werden. Diese werden in der folgenden Übersicht dargestellt.

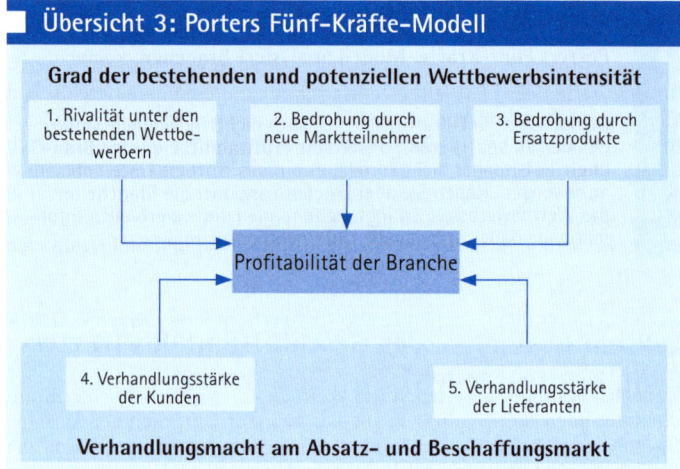

Übersicht 3: Porters Fünf-Kräfte-Modell

Die ersten drei Kräfte fokussieren sich auf den Wettbewerb zwischen den aktuellen und zukünftigen Unternehmen innerhalb einer Branche. Sie befassen sich also mit dem Grad der bestehenden und potenziellen Wettbewerbsintensität. Die letzten beiden Kräfte stellen den Wettbewerb um Lieferanten und Kunden dar, es geht also um eine Beurteilung der Verhandlungsmacht am Absatz- und Beschaffungsmarkt.

Das Ergebnis dieser Analyse ist eine qualitative Einschätzung der Rentabilität der Branche und der relativen Stärke der Wettbewerbskräfte untereinander. Wenn eine Branche von wenigen etablierten Unternehmen dominiert wird und der Eintritt neuer Marktteilnehmer erschwert ist, während sowohl Lieferanten als auch Kunden eine begrenzte Verhandlungsmacht haben, deutet dies auf ein attraktives Marktumfeld hin. Dieses zeichnet sich durch eine hohe Rentabilität und ein robustes Gewinnwachstum aus. Ist hingegen die Verhandlungsstärke der Kunden bzw. Lieferanten hoch und liegt ein intensiver Wettbewerb zwischen zahlreichen Unternehmen vor, so ist die Profitabilität dieser Branche sehr gering.

Leitsatz 16

Porters Fünf-Kräfte-Modell analysiert Branchen, keine Unternehmen

Die Idee des Fünf-Kräfte-Modells ist es nicht, individuelle Unternehmen zu analysieren, sondern die **Profitabilität ganzer Branchen**. Es ist daher nicht korrekt, es auf das einzelne Unternehmen anzuwenden. Haben Sie aber Erkenntnisse über die Branche und das Wettbewerbsfeld erlangt, helfen Ihnen diese wertvollen Informationen dabei, individuelle Unternehmen zu analysieren.

Rivalität unter den bestehenden Wettbewerbern (engl. Rivalry Among Existing Firms)

Zunächst bestimmt die Anzahl der Wettbewerber innerhalb einer Branche, wie hoch die Rivalität in ihr ist. Je mehr Unternehmen in einer Branche um Marktanteile kämpfen, umso höher wird tendenziell der Konkurrenzdruck. Weiterhin kommt es auch auf die Marktkonzentration an. Beherrschen etwa nur wenige Unternehmen den Großteil des Marktes, verfügen sie über eine entsprechend hohe Marktmacht; es besteht eine hohe Marktkonzentration. Sie sehen sich nur begrenzt Preiswettbewerben ausgesetzt, was zu höheren Gewinnmargen führt. Ferner spielt die Wachstumsrate der Branche eine fundamentale Rolle. Wächst die Branche nur langsam oder ist der Markt gesättigt, müssen Unternehmen um den begrenzten Kundenstamm kämpfen, was zu einem intensiveren Wettbewerb führt. Im Gegensatz dazu bieten wachstumsstarke Branchen mehr interessante Investitionsmöglichkeiten, was die Rivalität verringert.

Bedrohung durch neue Marktteilnehmer (engl. Threat of New Entrants)

Die Stärke dieser Kraft bestimmt sich dadurch, welche Markteintrittsbarrieren potenzielle Wettbewerber überwinden müssen. Zu diesen Eintrittsbarrieren zählen beispielsweise erforderliche hohe Kapitalinvestitionen, technologisches Know-how, Patente, eine bekannte und starke Marke sowie rechtliche Bestimmungen. Je höher die Markteintrittsbarrieren sind, umso weniger zukünftige Konkurrenz ist zu befürchten. Ist hingegen ein Markzugang leicht möglich, ist es wahrscheinlich, dass zahlreiche Unternehmen diese Chance ergreifen werden. Dies führt zu einer zukünftig größeren Konkurrenz innerhalb der Branche und damit sinkender Profitabilität.

Bedrohung durch Ersatzprodukte (engl. Threat of Substitutes)

Diese Kraft bezieht sich nicht auf die Konkurrenz innerhalb derselben Branche, sondern darauf, **wie leicht die eigenen Produkte oder Dienstleistungen durch Alternativen ersetzt werden können**. Die Stärke dieser Kraft hängt davon ab, ob es überhaupt Ersatzprodukte gibt und wie einfach Kunden auf diese umsteigen können (sog. **Wechselkosten, engl. Switching Cost**). In einigen Branchen ist diese Kraft daher besonders stark. Denken Sie z.B. an die Kaffeeindustrie, die mit zahlreichen anderen Getränken (Tee, Milchmixgetränken, Fruchtsäfte, Limonaden etc.) und deren Herstellern konkurrieren muss. Wenn es auf einem Markt zahlreiche Ersatzprodukte gibt, steigt der Wettbewerb und die Rentabilität sinkt. In anderen Branchen wiederum sind die Produkte oder Dienstleistungen so einzigartig, dass keine externe Konkurrenz zu befürchten ist. Ein Beispiel hierfür ist die Pharmaindustrie, die spezielle verschreibungspflichtige Medikamente herstellt.

Verhandlungsstärke der Kunden (engl. Bargaining Power of Buyers)

Bei der Beurteilung der Marktmacht der Kunden **ist es zunächst entscheidend, die Anzahl der Käufer ins Verhältnis zur Anzahl der Verkäufer zu setzen**. Gibt es viele Verkäufer eines Produkts und nur eine kleine Anzahl von potenziellen Käufern, dann haben diese eine besonders hohe Verhandlungsstärke und können einen erheblichen Druck auf die Preise ausüben. Dies ist z.B. bei Supermarktketten als Kunden der Fall. Diese kaufen einen großen Teil der landwirtschaftlichen Erzeugnisse von den Lieferanten ab und haben damit eine sehr starke Verhandlungsposition.

Neben dem Verhältnis von Käufern und Verkäufern spielt aber auch die **Preiselastizität der Nachfrage** eine große Rolle bei der Beurteilung der Stärke dieser Kraft. Reagieren Kunden sehr sensibel auf Preisänderungen, werden sie sich nach günstigeren Anbietern innerhalb der Branche bzw. nach Alternativen außerhalb der Branche umsehen. Ein Beispiel dafür findet sich in der Gastronomie. Bei einer Preiserhöhung könnten die Kunden dazu neigen, seltener auswärts zu essen oder auf günstigere Restaurants auszuweichen.

Verhandlungsstärke der Lieferanten (engl. Bargaining Power of Suppliers)

Bei der Beurteilung dieser Kraft haben dieselben Faktoren einen Einfluss, wie bei der Verhandlungsstärke der Kunden. Die Analyse dieser Kraft erfolgt somit in analoger Weise auf der Lieferantenseite.

Fall 15
Anwendung des Fünf-Kräfte-Modells auf die Sportbekleidungsindustrie

Beurteilen Sie die Attraktivität der Sportbekleidungsindustrie mithilfe des Fünf-Kräfte-Modells.

Rivalität unter bestehenden Firmen – Hoch

Die Wachstumschancen der Sportbekleidungsindustrie in den nächsten Jahren sind als sehr gut einzuschätzen. Dies liegt neben einem gestiegenen Gesundheitsbewusstsein u.a. auch daran, dass Sportbekleidung inzwischen als Modeartikel betrachtet wird, die man nicht nur während sportlicher Ertüchtigungen tragen kann. Allerdings wird der Markt durch eine Handvoll Unternehmen weltweit dominiert, die auf der Grundlage ihres Markenimages, der Produkteigenschaften und hoher Qualitätsstandards miteinander in Konkurrenz stehen. Im Ergebnis ist die Rivalität unter den bestehenden Firmen als sehr hoch anzusehen.

Bedrohung durch neue Marktteilnehmer – Niedrig bis moderat

Der Markteintritt in die Sportmodebranche ist aufgrund der etablierten Marken und des hohen Kapitalbedarfs für Design, Produktion und Marketing sehr erschwert. Auch verfügen die etablierten Unternehmen über ein Netz weltweit ausgebauter Produktionsstätten und Vertriebskanälen. Zum Teil kann ein Marktzugang aber auch durch kreative Designideen oder durch das Bedienen spezieller Nischen (z.B. nachhaltig und fair produzierte Sportbekleidung) erfolgen. Ein neuer Marktteilnehmer, der auf breiter Basis mit den großen etablierten Unternehmen konkurriert, ist allerdings sehr unwahrscheinlich.

Bedrohung durch Substitute – Niedrig bis hoch

Zur Einschätzung der Stärke dieser Kraft ist es erforderlich zu definieren, was ein Substitut für Sportbekleidung ist. Klassischerweise würde man unter Sportbekleidung Kleidung verstehen, die speziell für körperliche Bewegung entwickelt wurde und bestimmte funktionelle Eigenschaften bietet. Für derartige Mode gibt es wohl kein vergleichbares Ersatzprodukt und die Bedrohung wäre niedrig.

In den letzten Jahren hat sich ein deutlicher Trend abgezeichnet, bei dem Sportmode immer mehr Teil des alltäglichen Freizeitkleidungsstils wird. Dadurch hat sich aber die Grenze zwischen traditioneller Sportbekleidung und Freizeitkleidung zunehmend verwischt. Dies führt dazu, dass die Sportbekleidungsindustrie auch mit klassischen Modekonzernen um Wettbewerbsanteile kämpfen muss. Die Bedrohung durch Substitute in diesem Marktsegment ist daher als hoch anzusehen.

Verhandlungsmacht der Kunden – Hoch

Die Verhandlungsmacht der Kunden in der Sportbekleidungsindustrie ist sehr groß. Konsumenten haben insgesamt eine große Auswahl und können je nach Preis, Stil und Qualität problemlos zwischen verschiedenen Unternehmen wechseln. Das Online-Shopping hat den Käufern auch mehr Flexibilität gegeben, da sie Preise und Bewertungen leicht vergleichen können. Maßnahmen zur Kundenbindung, wie beispielsweise der Aufbau einer starken Marke, sind daher essenziell, will man in dieser Branche langfristig erfolgreich sein.

Verhandlungsmacht der Lieferanten – (aktuell) Niedrig

Die Mehrheit des Herstellungsprozesses wird in asiatischen Ländern durchgeführt, wo sich zahlreiche Zulieferer um Verträge mit den großen etablierten Unternehmen bemühen. Da sich die einzelnen Lieferanten zudem nur wenig voneinander unterscheiden, können Sportmodekonzerne ohne größere Kosten den Lieferanten wechseln. Daher ist die Zuliefererlandschaft in der Sportbekleidungsindustrie durch einen hohen Konkurrenzdruck gekennzeichnet und die Verhandlungsmacht einzelner Lieferanten entsprechend niedrig. Es bleibt aber abzuwarten, inwieweit ESG-Kriterien (engl. Ecological, Social and Governance) in Zukunft an Bedeutung gewinnen und die Verhandlungsmacht der Lieferanten beeinflussen werden. Beispielsweise könnte durch einen vermehrten Druck zu nachhaltigere Lieferketten oder einer faireren Entlohnung für die Lieferanten führen.

Zusammenfassend lässt sich sagen, dass die Sportbekleidungsindustrie durch einen immensen Konkurrenzdruck von bereits etablierten Unternehmen gekennzeichnet ist. Zudem sind, aufgrund der starken Verhandlungsposition der Kunden, hohe Investitionen in das Marketing und Sponsoring erforderlich, um eine Kundenbindung herzustellen. Demgegenüber sind die Produktionsbedingungen als günstig für die Hersteller einzuschätzen. Im Ergebnis ist daher von einer mittelhohen Profitabilität in der Sportbekleidungsbranche auszugehen.

Leitsatz 17

Porters Fünf-Kräfte-Modell

Die Hauptidee hinter dem Fünf-Kräfte-Modell von Porter besteht darin, die wichtigsten ökonomischen Einflussfaktoren („Kräfte") des Branchenwettbewerbs zu ermitteln und zu verstehen, wie sie die Rentabilität der Branche beeinflussen. Die zu untersuchenden fünf Kräfte lauten (1) die Rivalität unter den bestehenden Wettbewerbern, (2) die Bedrohung durch neue Marktteilnehmer, (3) die Bedrohung durch Ersatzprodukte sowie (4 und 5) die Verhandlungsmacht der Lieferanten und Kunden.

Lektion 7: Analyse der Unternehmensstrategie

7.1 Strategische Wettbewerbsvorteile und Wachstumsstrategien

Warum sind manche Unternehmen erfolgreicher als andere? Dies liegt häufig daran, dass diese erfolgreichen Unternehmen ihren Kunden etwas bieten können, das so in diesem Markt einzigartig ist. Man spricht von einem sog. **strategischen Wettbewerbsvorteil (engl. Comparative Advantage)**. Doch wie entsteht ein solcher Wettbewerbsvorteil? Nach dem ihn bereits bekannten Prof. Porter gibt es im Kern hierfür zwei grundlegende erfolgreiche Unternehmensstrategien, nämlich die **Kostenführerschaft und die Differenzierung.**

Die Strategie der **Kostenführerschaft (engl. Cost Leadership)** zielt darauf ab, das Unternehmen **mit den niedrigsten Kosten in der Branche zu werden und dabei ein akzeptables Qualitätsniveau sicherzustellen.** Diese Strategie ist vor allem in Märkten erfolgreich, in denen die Kunden sehr preissensibel und die angebotenen Produkte oder Dienstleistungen relativ standardisiert sind. Ein klassisches Beispiel für einen derartigen Markt ist der Lebensmitteleinzelhandel. Die meisten Lebensmittelprodukte sind homogen und in verschiedenen Geschäften erhältlich. Auch Markenprodukte werden häufig in den unterschiedlichen Supermärkten angeboten. In diesem Fall macht es für einen Kunden keinen Unterschied, ob er sein Obst oder das Markenprodukt im Laden A oder B kauft. Stattdessen vergleichen Kunden die Preise und werden entsprechend beim günstigen Anbieter einkaufen.

Strebt ein Unternehmen die Kostenführerschaft in seiner Branche an, so hat es eine **umfassende Kostenanalyse** durchzuführen, um die wahren Kostentreiber zu identifizieren. Hierauf aufbauend entwickelt das Management **Kostensenkungsstrategien, ohne die Produktqualität oder die Kundenzufriedenheit zu beeinträchtigen.** Zu den erforderlichen Maßnahmen zählen beispielsweise das Optimieren des Beschaffungsprozesses, die Einführung eines effizienten Vorratsmanagements oder die Automatisierung von Arbeitsprozessen. Damit werden die betrieblichen Abläufe möglichst effizient strukturiert und die Produktions-, Vertriebs- und Gemeinkosten gesenkt. Auch eine **strenge und effektive Kostenkontrolle** im gesamten Unternehmen sind entscheidend für das Erreichen und die Aufrechterhaltung eines Kostenvorteils. Aus diesem Grund verzichten Unternehmen auch häufig auf „riskante" Investitionen in das Marketing oder in Forschung und Entwicklung.

Eine weitere Möglichkeit, die Kostenführerschaft zu erreichen, ist durch sog. Skaleneffekte (engl. Economies of Scales). Hierbei handelt es sich um Kostenvorteile eines Unternehmens, die es alleine durch seine Größe erreichen kann. Man unterscheidet hierbei zwischen verschiedenen Arten von Skaleneffekten. Bei den sog. technischen Skaleneffekten können beispielsweise durch die Erhöhung der Produktion die durchschnittlichen Kosten pro Einheit gesenkt werden. Dies liegt an den sog. Fixkosten, also Kosten, die unabhängig von der produzierten Menge eines Unternehmens anfallen (z.B. Miete). Wenn die Menge steigt, können diese Fixkosten auf eine größere Anzahl von Einheiten verteilt werden, was zu einem Rückgang der fixen Kosten pro Einheit führt. Einkaufsskaleneffekte treten auf, wenn ein Unternehmen durch einen Großeinkauf Preisnachlässe erhält. Größere Unternehmen können häufig auch Kredite zu günstigeren Konditionen bekommen, was zu Finanzierungsskaleneffekten führt usw. Diese Kostenvorteile stellen eine hohe Markteintrittsbeschränkung für neue Wettbewerber dar und machen es für alle Marktteilnehmer schwierig, über den Preis zu konkurrieren.

Fall 16
Die Wirkung von technischen Skaleneffekten

Im Folgenden wird die Kostenstruktur und das Produktionsvolumen von Glasflaschen von zwei Firmen A und B dargestellt. A ist bereits seit Jahren in der Branche tätig, wohingegen B gerade erst vor Kurzem die Produktion aufgenommen hat. Berechnen Sie die Durchschnittskosten der beiden Unternehmen pro Flasche und überlegen Sie, wer sich langfristig am Markt behaupten kann?

	A	B
Fixkosten	1 Mio. €	1 Mio. €
Variable Kosten pro Gasflasche	1 €	1 €
Produktionsvolumen	5 Mio. Stück	2 Mio. Stück

Zur Berechnung der gesamten Kosten werden einfach die Fixkosten zu den variablen Kosten aufaddiert, wobei letztere vom Produktionsvolumen abhängen.

A: 1 Mio. € + 1 € × 5 Mio. Stück = 6 Mio. €

Durchschnittskosten pro Flasche: $\frac{6 \text{ Mio.} \euro}{5 \text{ Mio. Flaschen}} = 1{,}20 \euro / \text{Flasche}$

B: 1 Mio. € + 1 € × 2 Mio. Stück = 3 Mio. €

Durchschnittskosten pro Flasche: $\frac{3 \text{ Mio.} \euro}{2 \text{ Mio. Flaschen}} = 1{,}50 \euro / \text{Flasche}$

Zwar sind die Fixkosten und auch die variablen Kosten im vorliegenden Beispielfall bei beiden Unternehmen identisch, allerdings produziert Unternehmen A deutlich mehr. Unternehmen A hat somit einen komparativen Vorteil infolge der technischen Skaleneffekte. Dieser macht sich daran bemerkbar, dass sich bei A die Fixkosten i.H.v. 1 Mio. € auf 5 Mio. Flaschen verteilen (pro Flasche also lediglich 0,20 €). Bei B hingegen betragen die Fixkosten pro Flasche 0,50 €. Ist für die Kunden der Unternehmen A und B der Preis das entscheidende Kaufkriterium, wird sich langfristig das Unternehmen A durchsetzen. Schließlich kann es die Flaschen zu einem niedrigeren Preis als B anbieten.

Bei der Differenzierungsstrategie (engl. Differentiation) versucht das Unternehmen, sich mit seinen Produkten oder Dienstleistungen von denen der Konkurrenz abzuheben. Damit diese Differenzierung erfolgreich ist, muss das Unternehmen drei wesentliche Ziele erreichen. Zunächst muss es bestimmte Merkmale seiner Produkte oder Dienstleistungen identifizieren, die den Kunden einen Mehrwert bieten. Zweitens muss es sich in einer Weise positionieren, die diese ausgewählten Kundenbedürfnisse auf einzigartige Weise erfüllt. Schließlich muss das Unternehmewn diese Differenzierung zu solchen Kosten erreichen, bei denen die Kunden noch bereit sind, das Produkt oder die Dienstleistung zu erwerben. Diese Strategie kann auf verschiedene Weise umgesetzt werden. Hierzu zählen beispielsweise eine hohe Produktqualität und -vielfalt, ein hervorragender Kundenservice, ein angesehenes Markenimage oder schnelle Lieferzeiten. Differenzierungsstrategien erfordern Investitionen in Forschung und Entwicklung, technisches Know-how und Marketing. Die Organisationsstrukturen und Kontrollsysteme von Unternehmen mit

Differenzierungsstrategien müssen daher Kreativität und Innovation fördern.

Nach Porter ist wichtig, dass Unternehmen sich entweder für die Strategie der Kostenführerschaft oder für die der Differenzierung entscheiden. Nur so können sie einen klaren Wettbewerbsvorteil entwickeln und langfristig erfolgreich sein. Wenn ein Unternehmen allerdings weder eine klare Kostenführerschaft noch eine klare Differenzierung aufweist, dann steckt es in einem unklaren Mittelweg zwischen diesen beiden Strategien fest (engl. Stuck in the Middle). Solche Unternehmen sind dann weder in der Lage, durch niedrigere Preise zu konkurrieren, noch können sie durch einzigartige Merkmale oder Dienstleistungen Kunden anlocken. Sie werden langfristig durch Unternehmen mit einer klaren strategischen Ausrichtung vom Markt verdrängt.

> ### Leitsatz 18
> **Kostenführerschaft- und Differenzierungsstrategie**
>
> Durch die Kostenführerschafts- oder die Differenzierungsstrategie können Unternehmen einen strategischen Wettbewerbsvorteil erzielen. Bei der Kostenführerschaftsstrategie versuchen Unternehmen ihre Betriebskosten effizient zu senken und Skaleneffekte nutzen, um qualitativ ausreichende Produkte oder Dienstleistungen zu wettbewerbsfähigen Preisen anzubieten. Demgegenüber liegt bei der Differenzierungsstrategie der Schlüssel zum Erfolg darin, sich durch einzigartige Merkmale von der Konkurrenz abzuheben und somit eine starke Kundenbindung aufzubauen. Ein Unternehmen sollte sich eindeutig für eine dieser beiden Strategien entscheiden, da es ansonsten langfristig weder mit den Kostenführern noch den differenzierten Unternehmen konkurrieren kann.

7.2 Analyse der Unternehmensstrategie (SWOT-Analyse)

Die SWOT-Analyse ist ein leistungsfähiges und einfaches Werkzeug im strategischen Management, das die Strengths (Stärken), Weaknesses (Schwächen), Opportunities (Chancen) und Threats (Gefahren) eines Unternehmens identifiziert. Hierdurch erhält man ein besseres Verständnis für die Position des Unternehmens im Markt und kann auch feststellen, wie gut die derzeitige Unternehmensstrategie auf die Marktanforderungen und die Unternehmensziele abgestimmt ist.

Leitsatz 19

Die wichtigsten Fragen bei einer der SWOT-Analyse

Stärken (Strengths)

Welche internen Ressourcen und Fähigkeiten hat das Unternehmen, die es von seinen Wettbewerbern abheben?

Welche Alleinstellungsmerkmale besitzt das Unternehmen in Bezug auf Produkte, Dienstleistungen, Markenimage oder technologische Innovationen?

Schwächen (Weaknesses)

Welche Bereiche des Unternehmens sind im Vergleich zu seinen Wettbewerbern verbesserungsfähig oder unterentwickelt?

Welche internen Herausforderungen oder Engpässe könnten das Wachstum oder die Rentabilität des Unternehmens beeinträchtigen?

Chancen (Opportunities)

Welche externen Faktoren oder Marktbedingungen (Trends, Technologien oder Marktnischen) bieten Chancen für das Unternehmen?

Gibt es Möglichkeiten für weitere Expansionen, Diversifikation oder Partnerschaften?

Bedrohungen (Threats)

Welche externen Faktoren oder Marktbedingungen (regulatorische, wirtschaftliche oder technologische Risiken) könnten das Unternehmen gefährden?

Gibt es aufkommende Wettbewerber oder Veränderungen in der Branche, die das Wachstum und die Rentabilität des Unternehmens beeinträchtigen könnten?

III. Erfolgswirtschaftliche Bilanzanalyse

Die erfolgswirtschaftliche Bilanzanalyse stellt ein fundamentales Instrument für das Verständnis der finanziellen Leistungsfähigkeit eines Unternehmens dar. Sie fokussiert sich auf die Interpretation der Umsatz- und Kostenstruktur eines Unternehmens, analysiert Rentabilitätskennzahlen und zeigt Wachstumschancen aber auch Verbesserungspotenziale auf, mit denen sich die finanzielle Performance eines Unternehmens steigern lässt. Nach dem Studium der folgenden Lektionen werden Sie in der Lage sein, die Gewinn- und Verlustrechnung eines Unternehmens in ihrer Tiefe zu verstehen und daraus wertvolle Schlüsse für die Unternehmensstrategie, Investitionsentscheidungen und die allgemeine Geschäftsentwicklung zu ziehen.

Lektion 8: Rentabilitätsanalyse

Die Untersuchung der Rentabilität eines Unternehmens bildet das Herzstück der erfolgswirtschaftlichen Bilanzanalyse. Sie misst, wie effizient ein Unternehmen in der Lage ist, Gewinne in Bezug auf das eingesetzte Kapital zu erzielen. Es existieren hierbei diverse Rentabilitätskennzahlen, die unterschiedliche Definitionen des Gewinns und des eingesetzten Kapitals verwenden. Dies ermöglicht eine vielschichtige Betrachtung der finanziellen Performance eines Unternehmens. Konkret wird es in dieser Lektion um die Eigen- und Gesamtkapitalrentabilität gehen. Wir werden die Einflussfaktoren dieser Kennzahlen näher untersuchen und zudem strategische Überlegungen anstellen, wie diese optimiert werden können.

8.1 Eigenkapitalrentabilität

Die von Managern und Investoren gleichermaßen am häufigsten verwendete Analysekennzahl ist die Eigenkapitalrendite (engl. Return on Equity, ROE). Ein Anleger, der einem Unternehmen Eigenkapital zur Verfügung stellt wird damit zum (Mit-)Eigentümer dieses Unternehmens. Er ist dann mit seinem Anteil am Gewinn und Verlust des Unternehmens beteiligt. Aus diesem Grund setzt die Eigenkapitalrendite den Nettogewinn ins Verhältnis zum investierten durchschnittlichen Eigenkapital.

$$\text{Eigenkapitalrendite} = \frac{\text{Nettogewinn}}{\varnothing \text{ Eigenkapital}} \qquad (3)$$

Die Eigenkapitalrendite misst die Rendite aus der Sicht der Aktionäre oder Gesellschafter des Unternehmens. Eine Eigenkapitalrendite von 10 % bedeutet beispielsweise, dass das Unternehmen in der Lage war, aus jedem in das Eigenkapital investierten Euro eine Rendite von 10 Cent für die Eigenkapitalgeber zu erzielen. Sie ist auch ein Indikator dafür, wie effizient ein Unternehmen das Eigenkapital seiner Eigentümer verwendet, um damit Gewinne zu generieren. Ist die Eigenkapitalrendite zu niedrig, deutet dies also auf Ineffizienzen im Unternehmen hin. Doch wann ist die erzielte Eigenkapitalrendite „zu niedrig"? Grundsätzlich könnte man davon ausgehen, dass es keinen optimalen Zielwert der Eigenkapitalrendite gibt und damit „höher" immer besser ist. Dem ist teilweise zuzustimmen. Allerdings werden wir in den nachfolgenden Kapiteln sehen, dass es auch darauf ankommt, wie diese Rendite erwirtschaftet wird. Häufig geht mit einer hohen Eigenkapitalrendite nämlich auch ein hohes Risiko einher (Lektion 8.3). Daneben ist es sinnvoll, die Eigenkapitalrendite im Vergleich zu den Mitbewerbern und im Zeitablauf zu betrachten und zu analysieren.

Leitsatz 20

Durchschnittsbildung bei Bilanzwerten zur Berechnung von Kennzahlen

Die in diesem Buch vorgestellte Formel verwendet das **durchschnittliche Eigenkapital**. Sie werden aber auch abweichende Berechnungsformeln finden, die den Nettogewinn durch das aktuelle Eigenkapital dividieren. **Hintergrund dieser Berechnungsvariante ist, dass eine Größe aus der GuV (Nettogewinn) mit einer Bilanzgröße (Eigenkapital) verglichen wird**. Die Werte aus der GuV werden aber fortlaufend über den Zeitraum von einem Jahr berechnet, während Bilanzgrößen nur zum Bilanzstichtag ermittelt werden. **Die Durchschnittsbildung** $\frac{\text{Aktuelles Eigenkapital} + \text{Eigenkapital Vorjahr}}{2}$ **reduziert Verzerrungen, die durch Veränderungen im Eigenkapital im Laufe des Zeitraums verursacht sein worden konnten**. Aus diesem Grund werden wir in diesem Buch häufiger Durchschnittswerte einsetzen.

Fall 17
Durchgehende Fallstudie: Eigenkapitalrendite

Christina erhebt folgende Finanzdaten der Erfolg AG, um die Rentabilität dieses Unternehmens zu beurteilen.

In Mio. €	01	02	03
Nettogewinn	45	54	66,5
Ø Eigenkapital	300	300	350

Helfen Sie Christina, indem Sie die Eigenkapitalrendite für die Jahre 01 bis 03 berechnen. Interpretieren Sie das Ergebnis und gehen Sie dabei auch auf auffällige Veränderungen der Kennzahl im Zeitablauf ein. Berücksichtigen Sie, dass der Branchendurchschnittswert der Eigenkapitalrendite im Betrachtungszeitraum 21 % beträgt.

Setzen wir die Finanzdaten in die Formel ein, erhalten wir das folgende Ergebnis:

In %	01	02	03	Konkurrenz
Eigenkapitalrendite	15*	18	19	Ø 21

* Berechnungsbeispiel: $\dfrac{45 \text{ Mio. €}}{300 \text{ Mio. €}} = 15\,\%$

Im Betrachtungszeitraum erhielten Aktionäre der Erfolg AG für jeden investierten Euro eine Rendite zwischen 15 und 19 Cent. Mag dies absolut gesehen ein durchaus stattliches Ergebnis sein, liegt es aber dennoch unter dem Branchendurchschnitt von 21 %. Betrachten wir aber die Entwicklung der Kennzahl im Zeitablauf, so zeigt sich ein stetig ansteigender Trend. Dieser ist – auf den ersten Blick – hauptsächlich auf das kontinuierlich gestiegene Nettoergebnis zurückzuführen. Wir werden uns daher im folgenden Kapitel mit den tatsächlichen Wirkmechanismen der Eigenkapitalrendite befassen.

Leitsatz 21

Die Eigenkapitalrendite

Die Eigenkapitalrendite ist die wichtigste Rentabilitätskennzahl für Eigenkapitalgeber. Sie misst, wie effizient das Unternehmen das zur Verfügung gestellte Eigenkapital einsetzt, um damit Gewinne zu erwirtschaften. Sie setzt die Nettogewinne des Unternehmens in Relation zum durchschnittlichen Eigenkapital.

8.2 Die Idee des Du-Pont-Kennzahlensystem

Nachdem wir nun die Eigenkapitalrendite kennengelernt und verstanden haben, stellt sich als nächstes folgende Frage: Wie kann ein Unternehmen die Eigenkapitalrendite im Sinne der Eigentümer erhöhen? Tatsächlich gibt es diverse Faktoren, die miteinander interagieren und gemeinsam die Eigenkapitalrendite eines Unternehmens beeinflussen. Sie „verstecken" sich in der Formel der Eigenkapitalrendite und können dadurch aufgedeckt werden, indem die Formel für die Eigenkapitalrendite um das durchschnittliche Gesamtvermögen erweitert wird. Sie hat damit das folgende Aussehen:

$$\text{Eigenkapitalrendite} = \frac{\text{Nettogewinn}}{\varnothing\,\text{Eigenkapital}} = \underbrace{\frac{\text{Nettogewinn}}{\varnothing\,\text{Gesamtvermögen}}}_{\text{Gesamtkapitalrendite}} \times \underbrace{\frac{\varnothing\,\text{Gesamtvermögen}}{\varnothing\,\text{Eigenkapital}}}_{\text{Eigenkapitalmultiplikator}} \quad (4)$$

Mithilfe dieses kleinen Tricks ändert sich mathematisch gesehen nichts, denn das durchschnittliche Gesamtvermögen kann leicht wieder herausgekürzt werden. Allerdings wurde durch diesen Schritt die Eigenkapitalrendite in mehrere Bestandteile zerlegt. Es zeigt sich, dass die Eigenkapitalrendite das Produkt aus der Gesamtkapitalrendite und dem Eigenkapitalmultiplikator ist. Die Höhe der Eigenkapitalrendite hängt also maßgeblich davon ab, wie rentabel die Vermögenswerte des Unternehmens eingesetzt werden und wie es finanziert ist. Damit weist diese Kennzahl sowohl eine Investitions- als auch eine Finanzierungsperspektive auf, die so vorher nicht sichtbar war.

Übersicht 4: Das (noch einfache) DuPont-Kennzahlensystem

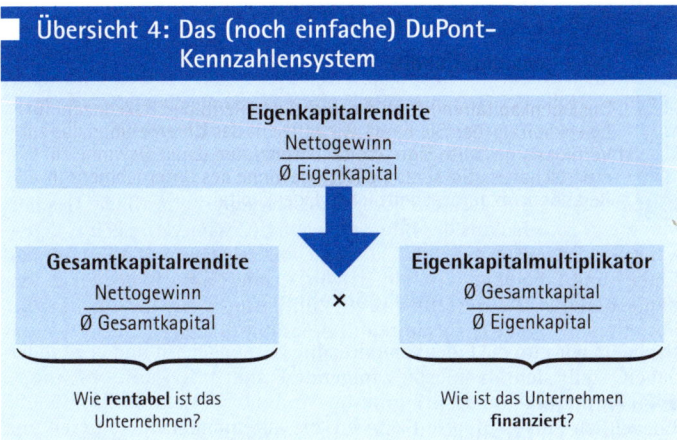

Erstmalig wurde dieser Ansatz im Jahr 1919 beim amerikanischen Chemieunternehmen DuPont durchgeführt und wird deshalb auch DuPont-Kennzahlensystem genannt. Das Hauptziel dieses Systems besteht darin, die Ursachen für Veränderungen in der Eigenkapitalrendite zu identifizieren und damit eine genauere Bewertung der Unternehmensleistung zu ermöglichen. Im Folgenden werden wir daher auf die beiden Einflussfaktoren Gesamtkapitalrendite und Eigenkapitalmultiplikator genauer eingehen.

8.3 Der erste Einflussfaktor: Die Gesamtkapitalrendite

Beginnen wir zunächst mit einer genauen Analyse des ersten Einflussfaktors, der Gesamtkapitalrendite (engl. Return on Assets, ROA).

$$\text{Gesamtkapitalrendite} = \frac{\text{Nettogewinn}}{\varnothing \text{Gesamtvermögen}} \qquad (5)$$

Die Gesamtkapitalrendite ist eine Kennzahl, die die Rentabilität aus Perspektive des gesamten Unternehmens im Verhältnis zu seinen gesamten Vermögenswerten misst. Eine Gesamtkapitalrendite von 5% bedeutet beispielsweise, dass das Unternehmen mit jedem Euro investierten Kapitals 5 Cent Nettogewinn erwirtschaften konnte. Eine Erhöhung der

Gesamtkapitalrendite führt, wie wir an Formel 4 sehen, automatisch auch zu einer Erhöhung der Eigenkapitalrendite. Sie sollte daher möglichst groß sein. Wie bei der Eigenkapitalrendite sollten zur Beurteilung der „idealen" Höhe der Gesamtkapitalrendite allerdings ebenfalls die Branchenstandards, historische Daten des Unternehmens und die Ziele der Unternehmensführung herangezogen werden.

Bitte beachten Sie, dass die Formel auf das durchschnittliche Gesamtvermögen abstellt. Aus der Bilanzgleichung (Gesamtvermögen = Eigenkapital + Fremdkapital) folgt, dass gleichzeitig durch die Summe aus Eigen- und Fremdkapital dividiert wird. Anders als z.B. bei der Eigenkapitalrendite, die nur auf das zur Verfügung gestellte Eigenkapital abstellt, ist es bei der Gesamtkapitalrentabilität unerheblich, wie das Unternehmen finanziert ist.

▰▰ Fall 18
Durchgehende Fallstudie: Gesamtkapitalrendite

Christina will nun genau verstehen, was die wahren Treiber der Eigenkapitalrentabilität der Erfolg AG sind und sucht daher die folgenden Werte des Gesamtkapitals heraus.

In Mio. €	01	02	03
Nettogewinn	45	54	66,5
Ø Gesamtvermögen	900	900	1.330

Berechnen Sie für Christina die Gesamtkapitalrendite für die Jahre 01 bis 03. Interpretieren Sie das Ergebnis. Worauf könnten die Veränderungen der Kennzahl zurückzuführen sein? Berücksichtigen Sie ferner, dass die durchschnittliche Gesamtkapitalrendite der Konkurrenz bei 7% liegt.

Setzen wir die Finanzdaten in die Formel ein, erhalten wir das folgende Ergebnis:

In %	01	02	03	Konkur-renz
Gesamtkapitalrendite	5*	6	5	Ø 7

Berechnungsbeispiel: $\dfrac{45 \text{ Mio. €}}{900 \text{ Mio. €}} = 5\,\%$

Wie bei Eigenkapitalrendite sehen wir auch bei der Gesamtkapitalrendite zunächst eine positive Entwicklung von Jahr 01 zu 02. Allerdings müssen wir auch eine Verschlechterung dieser Kennzahl im letzten Jahr konstatieren. Zwar konnte der Nettogewinn auch im Jahr 03 nochmals um 23,1 % erhöht werden, allerdings ist auch das Gesamtvermögen im Jahr 03 überproportional gestiegen und zwar um 47,8 %. Die Gesamtkapitalrentabilität ist daher insgesamt wieder auf 5 % abgesunken. Aus diesem Grund ist sowohl die Entwicklung dieser Kennzahl, als auch die absolute Höhe (die Konkurrenz hat eine höhere durchschnittliche Gesamtkapitalrentabilität von 7 %) als negativ zu beurteilen.

Leitsatz 22

Die Gesamtkapitalrendite

Die Gesamtkapitalrentabilität gibt die Verzinsung des gesamten in einem Unternehmen eingesetzten Kapitals, das sich aus Eigenkapital und Fremdkapital zusammensetzt, an. Sie setzt die Nettogewinne des Unternehmens ins Verhältnis zum gesamten durchschnittlich eingesetzten Vermögen.

Leitsatz 23

Abwandlung der Gesamtkapitalrenditeformel

In der Literatur werden Sie häufiger auch die folgende Berechnungsformel für die Gesamtkapitalrentabilität finden:

$$\text{Gesamtkapitalrendite} = \frac{\text{Nettogewinn} + \text{Fremdkapitalzinsen}}{\text{Ø Gesamtvermögen}}$$

Im Gegensatz zu unserer Formel, werden in dieser Abwandlung also Fremdkapitalzinsen explizit berücksichtigt. Dies liegt daran, dass der Nettogewinn den Eigenkapitalgebern zusteht und die Fremdkapitalzinsen den Fremdkapitalgebern. Das Ergebnis dieser Variante der Gesamtkapitalrendite kann also als die Rendite interpretiert werden, die für sämtliche Kapitalgeber durch das Unternehmen erwirtschaftet wurde.

8.4 Der zweite Einflussfaktor: Der Eigenkapitalmultiplikator

Neben der Gesamtkapitalrendite hat auch die Kapitalstruktur eines Unternehmens einen Einfluss auf die Höhe der Eigenkapitalrendite eines Unternehmens. Repräsentiert wird die Art der Finanzierung des Unternehmens durch den Eigenkapitalmultiplikator (engl. Financial Leverage).

$$\text{Eigenkapitalmultplikator} = \frac{\text{Ø Gesamtvermögen}}{\text{Ø Eigenkapital}} \qquad (6)$$

Er misst das Ausmaß, in welchem das Unternehmen seine Vermögenswerte mit Fremdkapital gegenüber Eigenkapital finanziert. Dies folgt unmittelbar aus der Bilanzgleichung: Gesamtvermögen = Eigenkapital + Fremdkapital. Beträgt z.B. das Ø Gesamtvermögen 1.000 € und das Ø Eigenkapital 200 €, ergibt sich ein Eigenkapitalmultiplikator von 500 %. Das Unternehmen ist also zu $1/5$ mit Eigenkapital und zu $4/5$ mit Fremdkapital finanziert. Aus diesem Grund führt eine Erhöhung des Eigenkapitalmultiplikators – entgegen dem, was man bei dessen Namen vermuten würde – zu einer Erhöhung des relativen Schuldenniveaus. Bei einem Eigenkapitalmultiplikator von 1.000 % beispielsweise, ist das Unternehmen nur zu $1/10$ mit Eigenkapital und zu $9/10$ mit Fremdkapital finanziert.

Doch warum spricht man beim Eigenkapitalmultiplikator eigentlich von einem Multiplikator? Das folgt aus dem DuPont-Kennzahlensystem, wo das Produkt aus Gesamtkapitalrendite und Eigenkapitalmultiplikator die Eigenkapitalrendite ergibt. Ein Eigenkapitalmultiplikator von 200 % bedeutet also, dass die Gesamtkapitalrendite mit dem Faktor 2 multipliziert wird. Die Eigenkapitalrendite ist dann doppelt so hoch ist, wie wenn das Unternehmen komplett auf Fremdkapital verzichtet. Dies führt zu einem interessanten Zwischenergebnis: Je weniger Eigenkapital ein Unternehmen einsetzt, umso größer ist der Eigenkapitalmultiplikator und damit die Eigenkapitalrendite. Man spricht vom Hebeleffekt (engl. Leverage Effect).

Fall 19
Durchgehende Fallstudie: Eigenkapitalmultiplikator

Christina kommt ein weiteres Mal auf die Erfolg AG zurück und fasst die bisher verwendeten Finanzdaten für Sie zusammen.

In Mio. €	01	02	03
Ø Gesamtvermögen	900	900	1.330
Ø Eigenkapital	300	300	350

Berechnen und interpretieren Sie nun abschließend den Eigenkapitalmultiplikator der Erfolg AG für die Jahre 01 bis 03. Achten Sie wie immer auch auf auffällige Veränderungen der Kennzahl. Der durchschnittliche Eigenkapitalmultiplikator der Konkurrenz beträgt 300,0 %.

Mit diesen Finanzdaten ergeben sich für die Jahre 01 bis 03 folgende Eigenkapitalmultiplikatoren:

In %	01	02	03	Kon-kurrenz
Eigenkapitalmultiplikator	300*	300	380	Ø 300

* Berechnungsbeispiel: $\dfrac{900 \text{ Mio. €}}{300 \text{ Mio. €}} = 300\,\%$

In den Jahren 01 und 02 war die Erfolg AG im Durchschnitt so finanziert, wie die Konkurrenz (alle Unternehmen haben einen Eigenkapitalmultiplikator von 300%). Allerdings kann man aus dem erhöhten Eigenkapitalmultiplikator von 380% im Jahr 03 ableiten, dass die Verschuldung der Erfolg AG im Jahr 03 zugenommen hat.

8.5 Die positive und negative Wirkung des Hebeleffekts

Der Hebeleffekt entsteht, wenn ein Unternehmen seine Geschäftsaktivitäten mit Fremdkapital finanziert. Dieses Vorgehen ist mit Vor- und Nachteilen verbunden, die wir uns im Folgenden näher ansehen werden.

Fall 20

Vorteile des Hebeleffektes

Jan hat für Sie die folgenden Finanzdaten zweier Unternehmen A und B herausgesucht, wobei ihm auffällt, dass diese sich nur in ihrer Kapitalstruktur unterscheiden.

	Umsatzerlöse	Aufwendungen (ohne Zinsen)	Zinsaufwendungen	Ø Eigenkapital	Ø Gesamtvermögen
A	1,5 Mio. €	0,5 Mio. €	0 €	2 Mio. €	20 Mio. €
B	1,5 Mio. €	0,5 Mio. €	0 €	20 Mio. €	20 Mio. €

Er fragt sich, welches Unternehmen aus renditetechnischer Sicht besser abschneidet. Helfen Sie Jan, indem Sie die Gesamtkapitalrendite, den Eigenkapitalmultiplikator und die Eigenkapitalrendite der beiden Unternehmen berechnen und die Ergebnisse interpretieren.

Zunächst ist der Nettogewinn für beide Unternehmen zu berechnen. Er beträgt 1 Mio. € (1,5 Mio. € - 0,5 Mio. €). Damit ergeben sich die folgenden Kennzahlen:

	Gesamtkapitalrendite	×	Eigenkapitalmultiplikator	=	Eigenkapitalrendite
A	$\frac{1\text{ Mio.€}}{20\text{ Mio.€}} = 5\,\%$	×	$\frac{20\text{ Mio.€}}{2\text{ Mio.€}} = 10$	=	50 %
B	$\frac{1\text{ Mio.€}}{20\text{ Mio.€}} = 5\,\%$	×	$\frac{20\text{ Mio.€}}{20\text{ Mio.€}} = 1$	=	5 %

Während Unternehmen B nur eine sehr geringe Eigenkapitalrendite von lediglich 5 % vorweisen kann, wird die Eigenkapitalrendite beim Unternehmen A um den Faktor 10 auf sagenhafte 50 % gehebelt. Doch wie kommt dieses nicht sehr intuitive Ergebnis zustande?

Entscheidend für eine positive Hebelwirkung ist eine positive Differenz zwischen der Gesamtkapitalrendite und dem Zinssatz auf Fremdkapital. In diesem Beispiel erzielen beide Unternehmen dieselbe Gesamtkapitalrendite von 5 % und der Zinssatz auf Fremdkapital unwahrscheinlich 0 % beträgt. Dies ist daran zu erkennen, dass es keine Zinsaufwendungen trotz Fremdkapitaleinsatzes gibt. Für jeden Euro, den ein Unternehmen unter diesen Umständen investiert, erzielt es einen Gewinn von 5 Cent und muss davon 0 Cent an die Fremdkapitalgeber abgeben.

Das Unternehmen A nutzt diese Differenz geschickt aus. Es verfügt über Vermögenswerte in Höhe von 20 Mio. €, die einen Nettogewinn von 1 Mio. € erwirtschaften. Gleichzeitig mussten die Eigenkapitalgeber lediglich 2 Mio. € investieren, um „Zugriff" auf diese 1 Mio. € Nettogewinn zu erlangen.

Unternehmen B ist hingegen deutlich konservativer finanziert. Um ebenfalls 1 Mio. € Nettogewinn zu erwirtschaften, haben dessen Eigenkapitalgeber den zehnfachen Betrag an Eigenkapital im Vergleich zu Unternehmen A (20 Mio. €) investiert. Aus diesem Grund beträgt die Eigenkapitalrendite von B auch nur $1/10$ des Werts von Unternehmen A. Allein unter Renditegesichtspunkten wäre also Unternehmen A vorzuziehen.

▰ Fall 21
Nachteile des Hebeleffektes #1

Das hat Jan verstanden. „Wenn ein Unternehmen sich zu einem bestimmten Zinssatz Geld leiht und dieses wiederum in eigene Vermögenswerte mit einer höheren Rendite investiert, dann wird die Eigenkapitalrendite gehebelt". „Wieso aber", fragt er sich, „verschulden sich dann nicht Unternehmen mit einer hohen Gesamtkapitalrentabilität bis über beide Ohren, um diesen Effekt maximal auszunutzen?". Was hat er übersehen?

Jan ist der Illusion aufgesessen, dass die Kosten für das Fremdkapital unabhängig vom Verschuldungsgrad konstant bleiben. Allerdings steigt mit steigender Verschuldung des Unternehmens auch das Risiko für die Fremdkapitalgeber an, ihr Geld nicht wiederzubekommen. Zur Kompensation für dieses erhöhte Verlustrisiko werden die Gläubiger entsprechend höhere Zinssätze verlangen (siehe Lektion 14).

Ist die Differenz aus Gesamtkapitalrendite und Fremdkapitalkostensatz negativ, wirkt sich die Hebelwirkung zu Ungunsten des Unternehmens aus. Schließlich beinhaltet eine Fremdfinanzierung feste Zinszahlungen an die Gläubiger, die unabhängig vom tatsächlichen Gewinn zu leisten ist. Ein Unternehmen mit einem hohen Verschuldungsgrad kann daher in Zeiten des wirtschaftlichen Abschwungs oder steigender Zinssätze vor große Probleme gestellt werden, da die Zinsaufwendungen einen größeren Anteil am Betriebsergebnis ausmachen. Auch Verluste wirken sich bei niedrigerem Eigenkapitaleinsatz überproportional stark aus. **Festzuhalten ist daher, dass der Hebeleffekt sowohl in die positive als auch in die negative Richtung das Ergebnis hebelt und damit das finanzielle Risiko des Unternehmens beträchtlich erhöhen kann.**

▋ Fall 22
Nachteile des Hebeleffektes #2

Betrachten wir erneut die Unternehmen A und B mit abgewandelten Daten. Aufgrund von steigenden Rohstoffpreisen sind die betrieblichen Aufwendungen gestiegen. Auch verlangen Fremdkapitalgeber nunmehr einen Zinssatz von 5,0 %. Berechnen Sie die Gesamtkapitalrendite, den Eigenkapitalmultiplikator und die Eigenkapitalrendite der beiden Unternehmen und interpretieren Sie die Ergebnisse. Welches Unternehmen ist finanziell stabiler?

Lektion 8: Rentabilitätsanalyse

	Umsatzerlöse	Aufwendungen (ohne Zinsen)	Zinsaufwendungen	Ø Eigenkapital	Ø Gesamtvermögen
A	1,5 Mio. €	1 Mio. €	0,9 Mio. €	2 Mio. €	20 Mio. €
B	1,5 Mio. €	1,9 Mio. €	0 €	20 Mio. €	20 Mio. €

Mit diesen Finanzdaten ergeben sich nunmehr die folgenden Kennzahlen:

Gesamtkapitalrendite × Eigenkapitalmultiplikator = Eigenkapitalrendite

A $\quad \frac{-0,4 \text{ Mio.} €}{20 \text{ Mio.} €} = -2\% \quad \times \quad \frac{20 \text{ Mio.} €}{2 \text{ Mio.} €} = 10 \quad = \quad -20\%$

B $\quad \frac{-0,4 \text{ Mio.} €}{20 \text{ Mio.} €} = -2\% \quad \times \quad \frac{20 \text{ Mio.} €}{20 \text{ Mio.} €} = 1 \quad = \quad -2\%$

Unternehmen A rutscht aufgrund der gestiegenen Rohstoffpreise und Zinsen (5,0 % v. 18 Mio. € = 0,9 Mio. €) in die Verlustzone. Das Ergebnis beträgt 1,5 Mio. € – 1 Mio. € – 0,9 Mio. € = –0,4 Mio. €. Alleine die fixen Zinszahlungen fressen $\frac{0,9 \text{ Mio.} €}{1,5 \text{ Mio.} €} = 60\%$ der Umsätze auf. Die Gesamtkapitalrendite von –2 % wird aufgrund des geringen Eigenkapitaleinsatzes nun um den Faktor 10 gehebelt, sodass die Eigenkapitalrendite bei –20 % liegt. Dies bedeutet, dass 20 % des eingesetzten Eigenkapitals verloren ist ($\frac{-0,4 \text{ Mio.} €}{2 \text{ Mio.} €} = -20\%$). Das neue Eigenkapital beträgt nach der Verlustverrechnung somit nur noch 1,6 Mio. €. Anhand dieses Beispiels wird deutlich, dass das finanzielle Risiko von Unternehmen A als sehr hoch einzustufen ist. Übersteigt ein zu verrechnender Verlust das bilanzielle Eigenkapital spricht man von einer Überschuldung, die im schlimmsten Fall zu einer Insolvenz des Unternehmens führen kann.

Die Eigenkapitalrendite von Unternehmen B ist aufgrund der vollständigen Eigenfinanzierung vom erhöhten Zinsniveau unabhängig. Es erzielt dennoch einen Verlust i.H.v. –0,4 Mio. € und eine Gesamtkapitalrendite von –2 %. Da das Unternehmen nicht fremdfinanziert ist, entspricht die Eigenkapitalrendite auch der Gesamtkapitalrendite (kein Hebeleffekt, bzw. der Hebel ist 1). Das Eigenkapital sinkt also nach der Verlustverrechnung um 2 % auf 19,6 Mio. €.

Bitte beachten Sie nochmal, dass Unternehmen A und B in diesem Beispielfall absolut gesehen eine gleich hohe Kostensteigerung (0,9 Mio. €) und den gleichen Verlust (−0,4 Mio. €) zu tragen haben. Aufgrund des unterschiedlichen Fremdkapitaleinsatzes und Hebeleffektes sind die Auswirkungen auf das Eigenkapital aber dennoch unterschiedlich. Unternehmen B ist deutlich konservativer finanziert, sodass die negative Wirkung des Hebeleffekts kaum einen Einfluss hat. Es ist damit finanziell deutlich stabiler einzustufen als Unternehmen A.

Leitsatz 24

Vor- und Nachteile des Hebeleffekts

Solange die Gesamtkapitalrendite die Fremdkapitalkosten übersteigt, führt ein höherer Verschuldungsgrad zu einer **höheren Eigenkapitalrendite (positiver Hebeleffekt)**. Eine übermäßige Verschuldung **erhöht aber gleichzeitig auch das finanzielle Risiko** des Unternehmens. Der Hebeleffekt ist daher keine Einbahnstraße, sondern hebelt das betriebliche Ergebnis **sowohl im positiven als auch im negativen Fall**. Aus diesem Grund müssen Unternehmen ihre Kapitalstruktur sorgfältig wählen und den Hebeleffekt mit Bedacht einsetzen, wollen sie ein ausgewogenes Rendite-/Risikoverhältnis erreichen.

8.6 Das (fast) vollständige DuPont-Kennzahlensystem

Fall 23
Durchgehende Fallstudie: Das (fast vollständige) DuPont-Kennzahlensystem

Christina kommt ein letztes Mal auf die Erfolg AG zurück und fasst die bisher ermittelten Ergebnisse in einem DuPont-Kennzahlensystem zusammen.

In %	Gesamt-kapitalrendite	×	Eigenkapital-multiplikator	=	Eigenkapital-rendite

01	5	×	300	=	15
02	6	×	300	=	18
03	5	×	380	=	19
Kon- kurrenz	Ø 7	×	Ø 300	=	Ø 21

Was sind die wahren Treiber der Eigenkapitalrendite? Was könnten mögliche Gründe für die Veränderungen sein? Wie bewerten Sie die Ergebnisse im Zeitablauf und verglichen mit der Konkurrenz?

Nach der Aufspaltung der Eigenkapitalrendite in Gesamtkapitalrendite und Eigenkapitalmultiplikator hat sich das zunächst durchaus positive Bild gedreht. Die Gesamtrentabilität weist schwankende und schließlich sinkende Werte auf. Wie wir gesehen haben, lag dies an einem überproportionalen Anstieg des durchschnittlichen Gesamtvermögens. Wie wir nun anhand des gestiegenen Eigenkapitalmultiplikators erkennen können, wurden diese zusätzlichen Vermögenswerte mit Fremdkapital finanziert und offenbar nicht effizient genug eingesetzt. Womöglich sind infolge der Fremdkapitalaufnahme auch die Zinsen gestiegen, was zu Lasten des Nettogewinns und damit der Gesamtkapitalrendite ging. Auffällig ist ferner, dass die sinkende Gesamtkapitalrendite durch einen erhöhten Eigenkapitalmultiplikator kompensiert werden konnte. Dass die Eigenkapitalrentabilität im letzten Jahr daher gestiegen ist, ist ausschließlich auf die höhere Verschuldung (Hebeleffekt) zurückzuführen. Überhaupt lässt sich die relativ hohe Eigenkapitalrendite mehrheitlich durch den hohen Eigenkapitalmultiplikator erklären. Insgesamt ist die wirtschaftliche Entwicklung der Erfolg AG nicht sonderlich positiv zu bewerten. Sie ist weniger rentabel und auch höher verschuldet als die Konkurrenz.

Kehren wir nun (ein weiteres Mal) zu dem DuPont-Kennzahlensystem zurück, um die Eigenkapitalrendite ein weiteres Mal zu zerlegen. Hierzu erweitern wir die Formel der Gesamtkapitalrendite um die Umsatzerlöse. Sie hat dann das folgende Aussehen:

$$\text{Gesamtkapitalrendite} = \underbrace{\frac{\text{Nettogewinn}}{\text{Umsatzerlöse}}}_{\text{Nettogewinnmarge}} \times \underbrace{\frac{\text{Umsatzerlöse}}{\varnothing \text{Gesamtvermögen}}}_{\text{Kapitalumschlag}} \qquad (7)$$

Erneut ändert sich durch diese Maßnahme mathematisch nichts an der Ausgangsformel. Durch diese andere Darstellung zeigt sich aber, dass die Gesamtkapitalrendite das Produkt aus zwei sehr wichtigen Kennzahlen ist: Der Nettogewinnmarge und des Kapitalumschlags. Wir werden uns mit ihnen in den kommenden Lektionen 9 und 10 detailliert auseinandersetzen. An dieser Stelle ist es nur wichtig zu verstehen, dass die **Nettogewinnmarge die Profitabilität und der Kapitalumschlag die Produktivität** eines Unternehmens misst. Wenn Ökonomen von **Profitabilität** sprechen, meinen sie die Fähigkeit eines Unternehmens, Gewinne zu erzielen. **Produktivität** hingegen zeigt, welches Ergebnis (Produkte/Dienstleistungen) ein Unternehmen im Vergleich zu dem, was es dafür einsetzt (z.B. Arbeitszeit), erzielen kann. Wenn ein Unternehmen produktiv ist, schafft es beispielsweise viel mit den vorhandenen Mitteln. Die folgende Übersicht fasst die unterschiedlichen Treiber der Eigenkapitalrendite und das (nahezu) vollständige DuPont-Kennzahlensystem zusammen.

Lektion 8: Rentabilitätsanalyse

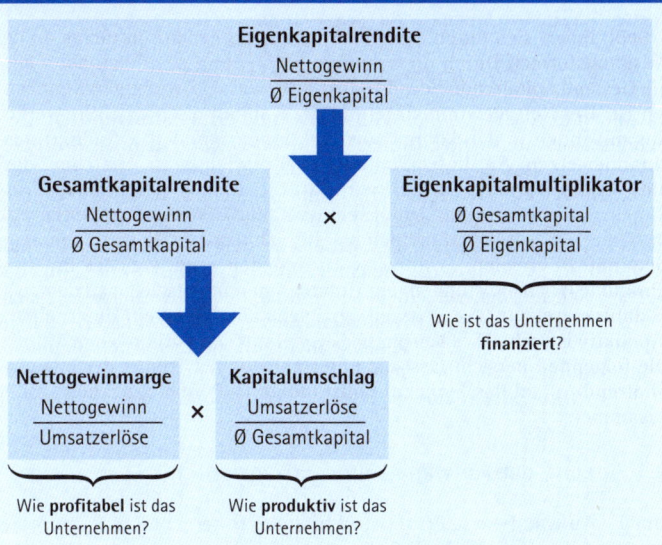

Übersicht 5: Das (fast vollständige) DuPont-Kennzahlensystem

Leitsatz 25

Das DuPont-Kennzahlensystem

Das DuPont-Kennzahlensystem spaltet die Eigenkapitalrendite in drei Schlüsselkomponenten auf: **Nettogewinnmarge (Profitabilität), Kapitalumschlag (Produktivität) und Eigenkapitalmultiplikator (Finanzierungsstruktur)**. Ein margenschwaches, unprofitables Unternehmen kann diesen Nachteil kompensieren, indem es besonders produktiv ist. Umgekehrt kann eine schwache Produktivität durch besonders hohe Margen ausgeglichen werden. Die DuPont-Aufschlüsselung hilft also dabei, die Eigenkapitalrendite aus einer Investitions- und Finanzierungsperspektive besser zu verstehen.

Lektion 9: Profitabilitätsanalyse

Die Gesamtkapitalrendite kann u.a. durch die Erhöhung des Nettogewinns des Unternehmens verbessert werden.

$$\text{Gesamtkapitalrendite} = \frac{\text{Nettogewinn}}{\text{Umsatzerlöse}} \times \frac{\text{Umsatzerlöse}}{\varnothing \text{Gesamtvermögen}}$$

Es kommt also darauf an, die Aufwands- und Ertragsstruktur des Unternehmens zu untersuchen. Diesen Vorgang bezeichnet man als Profitabilitätsanalyse. Das Ziel bei der Analyse der Aufwandsstruktur ist es, die entscheidenden Kostentreiber eines Unternehmens zu identifizieren. Dies ermöglicht es dem Unternehmen gezielt an diesen Stellen anzusetzen, um diese Kosten zu reduzieren, die Effizienz zu steigern und letztendlich die Rentabilität zu verbessern. Die Analyse der Ertragsstruktur hingegen befasst sich mit den verschiedenen Einnahmequellen eines Unternehmens (z.B. Umsatzerlöse. Dividenden, Zinsen und sonstige betriebliche Erträge). Wir werden diese Analyse nicht nur auf das Unternehmen als Ganzes durchführen, sondern auch auf die einzelnen Geschäftssegmente (z.B. Produkte oder regionale Märkte) herunterbrechen.

9.1 Analyse der Aufwands- und Ertragsstruktur

Um die Aufwands- und Ertragsstruktur eines Unternehmens zu analysieren, setzt man jede GuV-Position ins Verhältnis zu den Umsatzerlösen. Bei Aufwandspositionen spricht dann von sog. Aufwandsquoten (engl. Cost Ratio).

$$\text{Aufwandsquote} = \frac{\text{Aufwandsposition}}{\text{Umsatzerlöse}} \qquad (8)$$

Beträgt der Personalaufwand z.B. 150 € bei Umsatzerlösen von 1.000 € beträgt die Personalaufwandsquote also 15,0 %. Dies bedeutet, dass 15,0 % der Umsatzerlöse für das Personal aufgewendet werden. Wird dieser Prozess für sämtliche Ertrags- und Aufwandspositionen durchgeführt, kann man die jeweilige relative Bedeutung dieser Position für den Unternehmenserfolg bewerten. Anders formuliert werden dadurch die Quellen des Erfolgs besonders gut sichtbar. Wir haben diesen Prozess bereits als vertikale Bilanzanalyse kennengelernt (siehe Lektion 5.2).

Hierbei berechnen sich, quasi im Vorbeigehen, auch drei wichtige Kennzahlen, die uns wertvolle Hinweise über die Profitabilität des Unternehmens und dessen Stärken und Schwächen liefern. Diese drei Kennzahlen setzten an unterschiedlichen Positionen in der GuV an, was durch die folgende Übersicht verdeutlicht wird.

Übersicht 6: Margenanalyse

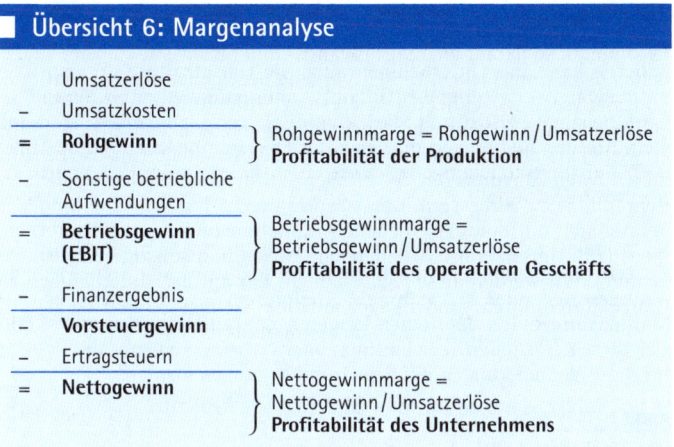

Die Rohgewinnmarge (engl. Gross Profit Margin) gibt einen schnellen Überblick über den Prozentsatz des Umsatzes, der nach Abzug der direkten Produktionskosten (z.B. Löhne, Material oder Abschreibung der eingesetzten Maschinen) als Rohgewinn verbleibt. Mit ihr kann also die Profitabilität des Herstellungsprozesses beurteilt werden.

Die Betriebsgewinnmarge (engl. EBIT Margin) hingegen berechnet den Gewinn, der nach Abzug sämtlicher operativer Kosten verbleibt. Sie beinhaltet u.a. die Kosten für die allgemeine Verwaltung, für den Vertrieb, Forschung- und Entwicklung usw. Damit ist sie ein Gradmesser für die Profitabilität des operativen Geschäfts.

Schließlich misst die Nettogewinnmarge (engl. Net Profit Margin) den Prozentsatz des Umsatzes, der als Nettogewinn nach Abzug sämtlicher Kosten und Steuern übrig bleibt. Diese Kennzahl stellt die Profitabilität des gesamten Unternehmens dar und wird aus diesem Grund auch in der Formel der Gesamtkapitalrentabilität verwendet.

Sämtliche Margenkennzahlen stellen auf eine Form des Gewinns ab, also auf die Differenz von Umsatzerlösen und bestimmter Kosten. Will das Unternehmen eine Margenkennzahl verbessern, kann es zum einen versuchen, die Kosten zu reduzieren. Effektive Strategien hierzu haben wir zum Thema Kostenführerschaft (siehe Lektion 7.1) diskutiert. Zum anderen kann das Unternehmen auch die Umsatzerlöse erhöhen und zwar idealerweise ohne das Gesamtvermögen dabei zu erhöhen. Dies kann beispielsweise durch Marketinginitiativen (Sponsoring, Werbung etc.), Kundenbindungsprogramme, der Erweiterung des Produkt- oder Dienstleistungsangebots oder durch eine Änderung der Preispolitik erreicht werden.

Margenkennzahlen beurteilen somit nicht nur, was nach Abzug der Kosten übrig bleibt, sondern auch die Effektivität durchgeführter umsatzsteigernder Maßnahmen. Aus diesem Grund sollten auch die Margenkennzahlen über einen längeren Zeitraum erhoben und – falls sich diese Kennzahlen verschlechtert oder verbessert haben – der Ursache für diese Veränderungen auf den Grund gegangen werden.

▌Fall 24
Durchgehende Fallstudie: Margenanalyse

Christina möchte nun besser verstehen, warum die Gesamtkapitalrendite der Erfolg AG teilweise gesunken ist. Hierzu finden Sie nachstehend die GuV des Unternehmens für die Jahre 01 bis 03. Könnten Sie ihr freundlicherweise weiterhin bei der Analyse behilflich sein?

in Mio. €	01	02	03
Umsatzerlöse	1.800	2.700	5.320
Umsatzkosten	900	1.377	2.766,4
Bruttogewinn	**900**	**1.323**	**2.553,6**
Vertriebskosten	504	756	1.382,2
Kosten der allgemeinen Verwaltung	270	405	691,6

Betriebsgewinn (EBIT)	126	162	478,8
Zinsaufwendungen	61,7	84,9	383,8
Ertragsteuern	19,3	23,1	28,5
Nettogewinn	45	54	66,5

Nutzen Sie diese Finanzdaten und führen Sie eine vertikale Analyse der GuV durch. Interpretieren Sie die konkrete Rohertrags-, Betriebsgewinn- und der Nettogewinnmarge für die Jahre 01 bis 03. Wie lassen sich die Veränderungen dieser Kennzahlen erklären? Beziehen Sie in Ihrer Untersuchung auch die durchschnittlichen Kennzahlen der Konkurrenz mit ein: Rohertragsmarge = 50%, Betriebsgewinnmarge = 8% und Nettogewinnmarge = 2%.

Um eine vertikale Analyse durchzuführen, ist jede Position in der GuV durch die Umsatzerlöse zu teilen. Sie erhalten dann das folgende Ergebnis:

In %	01	02	03	Konkurrenz
Umsatzerlöse	100	100	100	–
Umsatzkosten	50	51	52	–
Bruttogewinnmarge	**50**	**49**	**48**	**Ø 50**
Vertriebskosten	28	28	26	–
Kosten der allgemeinen Verwaltung	15	15	13	–
Betriebsgewinnmarge	**7**	**6**	**9**	**Ø 7**
Zinsaufwendungen	3,4	3,1	7,2	–
Ertragsteuern	1,1	0,9	0,5	–
Nettogewinnmarge	**2,5**	**2**	**1,25**	**Ø 2**

Beginnen wir mit der Bruttogewinnmarge, die sich im Laufe der Zeit kontinuierlich verschlechtert hat. Dies ist auf die gestiegenen Umsatzkosten zurückzuführen. Die Konkurrenz kann durchschnittlich gesehen günstiger produzieren.

Hinsichtlich der Betriebsgewinnmarge ergibt sich ein gemischtes Bild. Während sie noch im Jahr 02 gesunken ist, konnte sie im Jahr 03 um drei Prozentpunkte verbessert werden. Die Verschlechterung im Jahr 02 lag aber weiterhin an den um einen Prozentpunkt gestiegenen Umsatzkosten, da sowohl die Vertriebs- als auch Verwaltungskosten prozentual im Jahr 02 konstant blieben. Im Jahr 03 konnten aber auch diese Kosten erheblich gesenkt werden, sodass diese Verbesserung die Umsatzkostensteigerung überkompensieren konnte. In Bezug auf die Konkurrenzunternehmen und die Betriebsgewinnmarge war die Erfolg AG im Jahr 03 nun sogar profitabler.

Schließlich ergibt sich in Bezug auf die wichtigste Kennzahl, die Nettogewinnmarge, aber ein stetig abfallender Trend. Ursächlich hierfür sind im Jahr 02 allerdings weder die Zinsaufwendungen noch die Steuern, denn beide Werte sind gesunken. Stattdessen schlägt die Umsatzkostensteigerung bis auf die Nettogewinnmarge durch. Im Jahr 03 beobachten wir nun, dass ein Großteil der Betriebsgewinnmarge durch stark angestiegene Zinsaufwendungen aufgefressen wird. Dies steht im Einklang mit der zunehmenden Verschuldung des Unternehmens. Damit ist der Profitabilitätsvorteil der Erfolg AG gegenüber den Mitbewerbern dahin und die Nettogewinnmarge fällt vergleichsweise geringer aus.

Leitsatz 26

Margenanalyse

Eine umfassende Margenanalyse ermöglicht eine fundierte Beurteilung der Profitabilität und des Kostenmanagements eines Unternehmens. Die wichtigsten Kennzahlen sind die Rohgewinn-, die Betriebsgewinn- und die Nettogewinnmarge, die jeweils unterschiedliche Definitionen des Gewinns und unterschiedliche Kosten berücksichtigen.

9.2 Segmentberichterstattung

In der Gewinn- und Verlustrechnung werden Umsatzerlöse und die verschiedenen Aufwendungen als eine Summe dargestellt. Unternehmen können allerdings in verschiedene Geschäftssegmente unterteilt werden, je nachdem, wie sie ihre Aktivitäten organisieren. Diese Segmente können insbesondere nach Produktlinien, Märkten und geografischen

Regionen definiert werden. Betrachten wir daher die Gesamtergebnisse in der Gewinn- und Verlustrechnung, bleiben uns potenziell wichtige Rentabilitätsunterschiede in verschiedenen Produktlinien oder geografischen Märkten verborgen. Aus diesem Grund verpflichten die IFRS als auch US-GAAP die Unternehmen dazu, auch Finanzdaten für ihre Geschäftssegmente, zu veröffentlichen. Diese sog. Segmentberichterstattung ist häufig separat ausgewiesen, z.T. finden wir sie aber auch im Anhang zur GuV oder im Lagebericht.

Fall 25
Segmentberichterstattung

Jesko, ein sehr guter Freund von Christina, ist ebenfalls von Bilanzanalyse begeistert. Insbesondere der Erkenntnisgewinn beim Betrachten der Segmentberichterstattung erscheint ihm sehr hoch. Da er zudem gerne mit dem Tourismuskonzern Weltweit AG verreist, will er sein neu erworbenes Wissen sogleich an diesem Unternehmen anwenden. Die Umsatzerlöse in den jeweiligen Jahren und pro Segment werden nachfolgend dargestellt:

In %	01	02	03
Europa, Mittlerer Osten & Afrika (EMEA)	74,0	72,2	69,4
Amerika	13,5	20,9	24,4
Asien-Pazifik	12,5	6,9	6,2

Welche Rückschlüsse können Sie und Jesko mithilfe dieser Daten über die Bedeutung der jeweiligen Märkte für die Weltweit AG ziehen? Welche weiteren Informationen wären wünschenswert und warum?

Wir können erkennen, dass die EMEA Region mit Abstand die bedeutsamste für das Unternehmen ist, da dort mind. 70 % der Produkte umgesetzt wird. Ferner ist festzustellen, dass im Jahr 01 der amerikanische und asiatische Markt in etwa gleich bedeutend waren. Dieses Verhältnis hat sich aber in der Folgezeit drastisch zugunsten des amerikanischen Marktes verschoben. Da dort in 03 ca. ein Viertel des Umsatzes generiert wurde, ist der amerikanische Markt nun ebenfalls von erheblicher Bedeutung für den gesamten Unternehmenserfolg der Weltweit AG.

Wünschenswert wäre nun zum einen zu erfahren, worauf diese Veränderung zurückzuführen ist. Gab es beispielsweise eine geänderte Unternehmensstrategie, die Desinvestitionen in Asien und Neuakquisitionen in Amerika vorsieht. Falls ja, wie begründet das Management diese Entscheidung? Eine zweite interessante Information wäre nun ferner die Kostenstruktur der Geschäftssegmente zu kennen, um Profitabilitätskennzahlen berechnen zu können. Um der Öffentlichkeit (und insbesondere den Konkurrenten) aber nicht zu viele und sensible Informationen preiszugeben, sind die veröffentlichten Daten der Segmentberichterstattung häufig aggregiert. Häufig beschränken sie sich daher – wie im vorigen Beispielsfall – auf Umsätze eines einzelnen Segments. Die genaue Kostenstruktur eines Segments bleibt demgegenüber i.d.R. unbekannt (z.B. wird regelmäßig nicht der Anteil der administrativen Kosten den einzelnen Segmenten zugeordnet). Aus diesem Grund kann nur sehr selten eine operative Marge für ein einzelnes Segment berechnet werden. Zu beachten ist ferner, dass Segmentinformationen immer vor Steuern sind und daher mit Kennzahlen, die den Nettogewinn (nach Steuern) verwenden, nicht vergleichbar sind.

Leitsatz 27

Die wichtigsten Fragen zur Analyse der Profitabilität

Wie hoch sind die Umsatzerlöse und wie haben sich diese entwickelt? Welche umsatzsteigernden Maßnahmen hat das Unternehmen ergriffen und wie erfolgreich waren diese?

Welche sind die wichtigsten und größten Kostenblöcke? Welche Effizienzmaßnahmen hat die Unternehmensführung durchgeführt, um die Kosten zu senken und wie erfolgreich waren diese?

Wie profitabel sind einzele Geschäftssegmente? Welche Produkte bzw. Märkte des Unternehmens generieren die höchsten Umsätze/Gewinne? Welche Geschäftssegmente sind unrentabel und wie geht das Management mit diesen Segmenten um?

Lektion 10: Produktivitätsanalyse

Der zweite zentrale Einflussfaktor auf die Höhe der Gesamtkapitalrendite ist die Produktivität. In dieser Lektion werden wir uns Produktivitätskennzahlen widmen, um ein umfassenderes Verständnis über die betriebliche Effizienz eines Unternehmens zu erlangen. Hierzu werden wir mit dem Ihnen bereits bekannten Kapitalumschlag beginnen, der den Umsatz ins Verhältnis zum Gesamtvermögen setzt. Anschließend werden wir das Gesamtvermögen in seine individuellen Bestandteile zerlegen und eine Produktivitätsanalyse sowohl für das Umlaufvermögen als auch für das Anlagevermögen durchführen. Mithilfe dieser Zerlegung können wir dann beurteilen, wie effizient die lang- und kurzfristigen Vermögenswerte des Unternehmens zur Generierung des Gesamtumsatzes beitragen und ob es Optimierungspotenziale innerhalb einer Vermögenskategorie gibt.

Bevor wir jedoch mit den Produktivitätskennzahlen beginnen, müssen wir zuvor noch kurz die Begriffe der Effizienz und Effektivität klären. Diese werden gerne in einen Topf geworfen; dabei meinen sie aber grundsätzlich unterschiedliche Dinge. **Effektivität** bezieht sich darauf, ob ein Ziel erreicht wurde oder nicht. **Effizienz** hingegen bezieht sich darauf, wie gut Ressourcen genutzt wurden, um ein Ziel zu erreichen. Effizienz und Effektivität sind damit zwei separate Konzepte, die zwar oft miteinander verbunden sind, aber eben auch zu unterschiedlichen Ergebnissen führen können.

▰ Fall 26
Effizienz versus Effektivität #1

Magdalena und Kuba möchten ein Holzhaus mit einer wetterbeständigen Farbe streichen. Ihnen steht hierzu entweder zwei kleine Farbpinsel oder ein professionelles Farbsprühsystem zur Verfügung. Welche der Hilfsmittel wären effektiv und welche effizient?

Egal für welches Hilfsmittel Magdalena und Kuba sich entscheiden, sie werden sowohl mit den kleinen Farbpinseln als auch mit dem Sprühsystem jeweils ihr Ziel erreichen und handeln damit effektiv. Dennoch erreichen sie ihr Ziel fraglos mit dem Sprühsystem deutlich kraftschonender und schneller; es wäre damit die effizientere Lösung.

Fall 27
Effizienz versus Effektivität #2

Magdalena und Kuba greifen folgerichtig zum Sprühsystem. Stolz betrachten sie das vollendete Werk. Plötzlich wird Kuba allerdings kreidebleich, als er feststellt, dass die verwendete Farbe gar nicht wetterbeständig war. Beurteilen Sie diese Situation nun vor dem Hintergrund der Effektivität und Effizienz.

In dieser Situation haben die beiden nicht effektiv gehandelt, denn das angestrebte Ziel wurde nicht erreicht. Trotzdem war die Wahl des Sprühsystems immer noch die effizientere Maßnahme, da sie mit minimalen Ressourceneinsatz (Zeit und Arbeitskraft) durchgeführt wurde. Das Beispiel zeigt, dass Effektivität und Effizienz zwei separate Konzepte sind, die unabhängig voneinander betrachtet werden müssen.

Ein effektives Unternehmen setzt sich die richtigen Ziele bzw. die richtigen Investitionsprojekte und realisiert diese erfolgreich. Ineffektive Unternehmen hingegen verschwenden zahlreiche Ressourcen, indem sie die falschen Strategien verfolgen oder die angestrebten Ziele nicht erfüllen. Bei der Erreichung der Ziele sollte aber stets auf Effizienz geachtet werden. Dies bedeutet, dass das Unternehmen seine Ressourcen optimal nutzt und die Kosten minimieren sollte, ohne aber dabei die Zielerreichung zu gefährden.

Leitsatz 28
Effizienz vs. Effektivität

Effektivität bedeutet die richtigen Dinge tun. Effizienz bedeutet die Dinge richtig zu tun. Zunächst sollten daher Maßnahmen hinsichtlich ihrer Effektivität beurteilt und anschließend besonders effizient, d.h. ressourcenschonend, umgesetzt werden.

10.1 Produktivität des Gesamt- und Anlagevermögens

Eine bedeutende Kennzahl zur Messung der Produktivität eines Unternehmens ist der Kapitalumschlag (engl. Asset Turnover).

$$\text{Kapitalumschlag} = \frac{\text{Umsatzerlöse}}{\text{Ø Gesamtvermögen}} \qquad (9)$$

Er berechnet, wieviel Umsatz pro vorhandenem Euro an durchschnittlichem Vermögen generiert wurde. Ein Kapitalumschlag von 300,0 % beispielsweise bedeutet, dass mit einem durchschnittlichen Gesamtvermögen von 1.000 € insgesamt 3.000 € an Umsatz erzielt wurde. Man spricht auch davon, wie oft das investierte Kapital im Laufe eines Jahres umgeschlagen wurde; hier also dreimal. *Je höher die Umschlagshäufigkeit, desto effizienter bzw. effektiver nutzt das Unternehmen seine Vermögenswerte, um Umsätze zu generieren.* Dies wiederum erhöht die Rentabilität, weil das Unternehmen die mit den Umsätzen erzielten liquiden Mittel in rentable Investitionsprojekte reinvestieren kann.

Fall 28
Durchgehende Fallstudie: Kapitalumschlag

Nunmehr will Christina auch eine Produktivitätsanalyse bei der Erfolg AG durchführen und beginnt mit dem Kapitalumschlag. Glücklicherweise liegen dazu alle Daten bereits vor.

In Mio. €	01	02	03
Umsatzerlöse	1.800	2.700	5.320
Ø Gesamtvermögen	900	900	1.330

Berechnen Sie den Kapitalumschlag der Erfolg AG für die Jahre 01 bis 03. Interpretieren Sie das Ergebnis und nehmen Sie an, dass der Branchendurchschnittswert im Betrachtungszeitraum 350 % beträgt. Achten Sie auch darauf, ob es auffällige Veränderungen der Kennzahl im Zeitablauf gab.

Setzen wir die Finanzdaten aus den jeweiligen Jahresabschlüssen in die Formel ein, erhalten wir das folgende Ergebnis:

In %	01	02	03	Konkurrenz
Kapitalumschlag	200*	300	400	Ø 350

*Berechnungsbeispiel: $\frac{1{,}8 \text{ Mio.} €}{900 \text{ Mio.} €} = 200\,\%$

Der Kapitalumschlag der Erfolg AG zeigt eine erfreuliche Entwicklung. Das Unternehmen hat offenbar massiv in neue Vermögenswerte investiert, was wir an dem gestiegenen Gesamtvermögen in den Jahren 02 und 03 erkennen können. Darüber hinaus sind sie äußerst produktiv und erwirtschaften einen Umsatz, der deutlich über den Buchwerten der Vermögenswerte liegt. Im Jahr 03 wurden beispielsweise mit jedem Euro an Vermögenswerten, insgesamt 4 € an Umsatz erzielt. Damit liegt die Erfolg AG schließlich sogar über dem Branchendurchschnitt von 350 %.

Fall 29
Durchgehende Fallstudie: Aufspaltung der Gesamtkapitalrendite

Die folgende Tabelle fasst die bisherigen Ergebnisse der Profitabilitäts- und Produktivitätsanalyse der Erfolg AG zusammen. Worauf ist die Entwicklung der Gesamtkapitalrendite schließlich zurückzuführen? Nutzen Sie hierzu die Informationen aus den vorigen Beispielfällen!

In %	Nettogewinn-marge	x	Kapital-umschlag	=	Gesamtkapi-talrendite
01	2,5	x	200	=	5
02	2	x	300	=	6
03	1,25	x	400	=	5
Kon-kurrenz	Ø 2	x	Ø 350	=	Ø 7

Wie wir aus der Tabelle entnehmen können, gibt es zwei gegenläufige Trends. Zunächst ist festzuhalten, dass sich die Nettogewinnmarge von Jahr zu Jahr verschlechtert, was auf gestiegene Umsatzkosten und höhere Zinsaufwendungen zurückzuführen ist. Offenbar hat die Erfolg AG erheblich in neue Anlagen investiert und diese Projekte mit Fremdkapital finanziert. Da Investitionen i.d.R. längerfristig sind, ist es daher nicht verwunderlich, wenn sich die Finanzkennzahlen zwischenzeitlich verschlechtern. Dennoch wurden diese neuen Vermögenswerte offenbar sehr produktiv eingesetzt und es konnte damit überproportional viel Umsatz erwirtschaftet werden. Ein Blick in den Lagebericht und Anhang des Unternehmens könnte uns weitere wertvolle Informationen liefern. Auch eine Analyse darüber, ob diese Investitionen zur Unternehmensstrategie und dem Marktumfeld passen, würde die Bilanzanalyse vollständig abrunden. Man wäre dann in der Lage – trotz des Vergangenheitsbezugs der Jahresabschlussdaten – fundierte Prognosen über die zukünftige wirtschaftliche Entwicklung des Unternehmens abzugeben.

10.2 Produktivität des Anlagevermögens

Um die Treiber des Kapitalumschlags besser verstehen und beurteilen zu können, werden wir im Folgenden die Umschlagshäufigkeit berechnen, die ein Unternehmen mit dem Anlagevermögen erzielt (Anlagevermögensumschlag, engl. Fixed Asset Turnover).

$$\text{Anlagevermögensumschlag} = \frac{\text{Umsatzerlöse}}{\text{Ø Anlagevermögen}} \tag{10}$$

Eine gestiegene Umschlagshäufigkeit des Anlagevermögens deutet in der Regel auf eine höhere Effizienz bzw. bessere Effektivität bei der Verwendung des Anlagevermögens hin. Beachten Sie bei der Interpretation dieser Kennzahl aber, dass diese naturgemäß durch Käufe und Verkäufe von Anlagevermögen beeinflusst wird. Wenn ein Unternehmen ins Anlagevermögen investiert, dann um in zukünftigen Perioden mehr zu produzieren und Umsatzerlöse zu generieren. Der Anlagevermögensumschlag könnte aber zunächst temporär sinken, da zwar mehr Anlagevermögen vorhanden ist, aber noch nicht mehr Umsatzerlöse erzielt wurden. Den gegenteiligen Effekt beobachten wir bei Desinvestitionen, sodass eine (kurzfristige) Verbesserung der Metrik (langfristig) gesehen dem Unternehmen schaden kann.

Diese Kennzahl sollte daher stets im Zusammenhang mit der Investitionstätigkeit des Unternehmens gesehen werden. Informationen hierzu können Sie dem Anlagespiegel entnehmen. Außerdem ist gerade diese Kennzahl stark branchenabhängig. So haben sehr kapitalintensive Branchen wie z.B. die Automobilbranche, relativ niedrige Umschlagsraten.

Fall 30
Durchgehende Fallstudie: Anlagevermögensumschlag

Christina ist vom kontinuierlich gestiegenen Gesamtkapitalumschlag der Erfolg AG begeistert und fragt sich, wie dies wohl gelingen konnte? Als möglicher Kandidat kommt der Anlagevermögenumschlag in Betracht, der mit den folgenden Daten berechnet werden kann.

In Mio. €	01	02	03
Umsatzerlöse	1.800	2.700	5.320
Ø Anlagevermögen	450	540	931

Ermitteln Sie für Christina den Anlagevermögensumschlag der Erfolg AG für die Jahre 01 bis 03. Der Branchendurchschnittswert im Betrachtungszeitraum betrug 300 %. Wie immer sollten Sie auf Trends und auffällige Veränderungen der Kennzahl im Zeitablauf achten.

Setzen wir die Finanzdaten in die bekannte Formel ein, erhalten wir das folgende Ergebnis:

In %	01	02	03	Konkurrenz
Anlagevermögensumschlag	400*	500	571,4	300

* Berechnungsbeispiel: $\frac{1.800 \text{ Mio.} €}{450 \text{ Mio.} €} = 400\,\%$

Es ist deutlich erkennbar, dass die Kennzahl, wie schon der Gesamtkapitalumschlag, kontinuierlich gestiegen ist. Insgesamt ist das Anlagevermögen auch deutlich produktiver als das der Konkurrenz. Aus den Bilanzdaten kann man ferner erkennen, dass das Anlagevermögen prozentual stetig zugenommen hat (Anlagevermögensquote = $\frac{\text{Anlagevermögen}}{\text{Gesamtvermögen}}$).

Bestand im Jahr 01 noch 50 % des Gesamtvermögens aus Anlagevermögen, wuchs dieser Wert im Jahr 03 bereits auf 70 %. Da die Erfolg AG also zunehmend auf Anlagevermögen setzt, gewinnt dadurch auch der

Anlagevermögensumschlag zunehmend an Bedeutung. Es ist daher nicht verwunderlich, dass der Anlagevermögens- sowie der Kapitalumschlag eine ähnliche Entwicklung nehmen.

Leitsatz 29

Kapital- und Anlagevermögensumschlag

Der Kapitalumschlag und der Anlagevermögensumschlag sind zentrale Kennzahlen, die Einblicke in Produktivität eines Unternehmens geben. Sie zeigen auf, wie effektiv ein Unternehmen seine Ressourcen einsetzt, um Umsatz zu generieren. Der Kapitalumschlag misst die Gesamteffizienz der Kapitalnutzung. Der Anlagevermögensumschlag konzentriert sich speziell darauf, wieviel Umsatz mit dem langfristigen Vermögen erzielt wurde.

10.3 Produktivität des Betriebskapitals

Im Folgenden werden wir uns mit der Produktivität im Umlaufvermögen konzentrieren. Hierzu halten wir erst einmal fest, dass sich das Umlaufvermögen im Wesentlichen aus den liquiden Mitteln, den Forderungen aus Lieferungen und Leistungen sowie den Vorräten zusammensetzt. **Betrachtet man diese Vermögenspositionen unter Rentabilitätsgesichtspunkten, so fällt allerdings auf, dass diese kaum etwas zum Unternehmenserfolg beitragen.** Liquide Mittel erwirtschaften zwar Zinserträge, aber keine Umsatzerlöse. Forderungen erzielen weder eine Rendite noch Umsatzerlöse. Schließlich verursachen Vorräte sogar Lagerkosten, sodass deren Besitz eine negative Rendite hat.

Wenn wir uns nun die Formel für die Gesamtkapitalrendite ins Gedächtnis rufen stellen wir fest, dass diese u.a. durch die Verringerung des Gesamtvermögens erhöht werden kann.

$$\text{Gesamtkapitalrendite} = \frac{\text{Nettogewinn}}{\text{Umsatzerlöse}} \times \frac{\text{Umsatzerlöse}}{\varnothing \text{Gesamtvermögen}}$$

Aus diesem Grund ist es unter Renditegesichtspunkten klar, dass vornehmlich das (unprofitable) Umlaufvermögen reduziert werden sollte. Dieser Schritt würde gleichzeitig auch die Produktivität im Umlaufvermögen erhöhen. Allerdings dürfen wir nicht den Fehler machen, das

Umlaufvermögen nur aus Renditesicht zu betrachten, weil das Umlaufvermögen auch die Liquidität eines Unternehmens gewährleistet.

Leitsatz 30

Rentabilität vs. Liquidität

Es ist wichtig zu beachten, dass die Verringerung des Umlaufvermögens zwar einerseits die **Rentabilität** des Unternehmens erhöht. Andererseits muss das Unternehmen auch über ausreichende **Liquidität** verfügen, um seinen kurzfristigen Verpflichtungen nachzukommen und den laufenden Betrieb aufrechtzuerhalten. Das Umlaufvermögen kann als die derzeitige und zukünftige Liquidität des Unternehmens angesehen werden. Eine Reduzierung des Umlaufvermögens auf null, wäre also kontraproduktiv. Stattdessen ist das richtige **Gleichgewicht zwischen Rentabilität und Liquidität** entscheidend für die langfristige finanzielle Gesundheit und ein nachhaltiges finanzielles Wachstum.

Dieses Spannungsverhältnis wird durch das Betriebskapital (engl. Net Working Capital) beschrieben:

Betriebskapital = Vorräte + Forderungen − Lieferantenverbindlichkeiten (11)

Das Betriebskapital ist damit gleichzeitig ein Maß für die Liquidität eines Unternehmens und dessen Fähigkeit, seinen kurzfristigen Verpflichtungen nachkommen zu können. So ist es erwartbar, dass die Vorräte und Forderungen kurzfristig zu Geldeingängen führen, mit denen dann die kurzfristigen Verbindlichkeiten (= erwartbare Geldausgänge) gedeckt werden können. Aus diesem Grund sollte das Unternehmen stets über ein positives Betriebskapital verfügen, da sonst die Gefahr einer Illiquidität besteht. Allerdings darf das Betriebskapital auch nicht unnötig aufgebläht werden, da ansonsten die Produktivität und damit die Rentabilität des Unternehmens leidet.

Im Kern geht es also bei einer Analyse der Produktivität im Umlaufvermögen eigentlich gar nicht um die Produktivität des Umlaufvermögens als solches, sondern um die des Betriebskapitals. Im Folgenden werden wir uns daher mit den Umschlagsquoten der drei Bestandteile des Betriebskapitals beschäftigen und beginnen mit dem sog. Vorratsumschlag (engl. Inventory Turnover).

$$\text{Vorratsumschlag} = \frac{\text{Umsatzkosten}}{\varnothing \text{ Vorräte}} \qquad (12)$$

Diese Kennzahl gibt an, wie oft ein Unternehmen seinen durchschnittlichen Lagerbestand im Laufe eines bestimmten Zeitraums umschlägt oder erneuert. Beträgt der Vorratsumschlag beispielsweise 500 %, bedeutet dies, dass die Lagerbestände des Unternehmens im Durchschnitt fünfmal während des Jahres verbraucht und wieder aufgefüllt wurden. Der Vorratsumschlag eines Unternehmens hängt dabei von der Art der Produkte, den angewandten Verkaufsstrategien, der Nachfrage, den Lagerhaltungszielen und der Beschaffungspolitik ab.

Theoretisch sollte ein Unternehmen so viele Waren wie nur irgend möglich verkaufen. Dies würde kennzahlentechnisch den Vorratsumschlag und damit die Rentabilität des Unternehmens erhöhen. Ein weiterer Vorteil an geringen Lagerbeständen ist zudem, dass weniger Kapital in diese gebunden wird. Auch sinkt mit niedrigen Lagerbeständen die Gefahr, dass die Produkte beschädigt werden oder veralten. Unternehmen verfügen aber in Praxis dennoch oft über größere Lagerbestände an Vorräten, um z.B. auf unvorhergesehene Nachfrageschwankungen, Lieferverzögerungen oder Produktionsausfälle vorbereitet zu sein.

Häufig wird der Vorratsumschlag auch als zeitliche Größe definiert und man spricht dann von der sog. **Lagerdauer (engl. Days Inventory Outstanding, DIO).**

$$\varnothing \text{ Lagerdauer (DIO)} = \frac{365}{\text{Vorratsumschlag}} \qquad (13)$$

Diese Kennzahl gibt die durchschnittliche Zeit in Tagen an, die ein Unternehmen für die Herstellung eines Produktes und dessen Lagerung bis zum Abverkauf benötigt. Bei einer Lagerdauer von 500,0 % beispielsweise, dauert es demnach durchschnittlich 365 / 5 = 73 Tage, bis das Produkt hergestellt und verkauft wurde.

Kommen wir zur zweiten Produktivitätskennzahl im Betriebskapital, dem sog. **Debitorenumschlag (engl. Accounts Receivable Turnover),** der die Umschlagshäufigkeit von Forderungen aus Lieferungen und Leistungen misst.

$$\text{Debitorenumschlag} = \frac{\text{Umsatzerlöse}}{\varnothing \text{ Forderungen aus Lieferungen und Leistungen (L\&L)}} \qquad (14)$$

Ein Debitorenumschlag von 400,0 % bedeutet beispielsweise, dass das Unternehmen den durchschnittlichen Forderungsbetrag viermal im Laufe des Geschäftszyklus eingetrieben und wieder in liquide Mittel umwandeln konnte. Der Debitorenumschlag sollte daher theoretisch so groß wie möglich sein. Anders formuliert sollte ein Unternehmen also optimalerweise so schnell wie möglich seine Forderungen eintreiben.

Die Kreditpolitik eines Unternehmens hat somit den größten Einfluss auf den Debitorenumschlag. Diese umfasst zunächst Aspekte wie die Festlegung von Zahlungsfristen und Kreditlimits. Wenn ein Unternehmen z.B. zu großzügige Zahlungsfristen für zu viele Kunden einräumt, dann wird sich der Debitorenumschlag verschlechtern. Aber auch die Anreizschaffung zu einer schnelleren Zahlung ist ein zentrales Element einer effektiven Kreditpolitik. Ein klassisches Werkzeug hierzu ist der Skonto (z.B. wenn ein Kunde innerhalb der nächsten 14 Tage bezahlt, dann gibt es 2,0 % Nachlass). Schließlich kann ein Unternehmen auch über Factoring, also dem Verkauf seiner Forderungsbestände nachdenken, um schneller Liquidität zu erzeugen und den Debitorenumschlag zu verbessern.

Wie beim Vorratsumschlag kann auch der Debitorenumschlag in Tagen umgerechnet werden und man spricht dann von der Inkassoperiode (engl. Days Sales Outstanding, DSO).

$$\text{Inkassoperiode (DSO)} = \frac{365}{\text{Debitorenumschlag}} \tag{15}$$

Diese Kennzahl gibt die durchschnittliche Zeit in Tagen an, die ein Unternehmen für das Eintreiben seiner Forderungen benötigt. Bei einem Debitorenumschlag von 400,0 % beispielsweise, dauert es durchschnittlich 365/4 = 91,2 Tage vom Verkauf des Produktes, bis die Kunden ihre Forderungen bezahlt haben.

Kommen wir nun zum letzten Bestandteil des Betriebskapitals, nämlich den kurzfristigen Verbindlichkeiten und zu deren Umschlagshäufigkeit. Um diese zu berechnen, setzen wir die Umsatzkosten ins Verhältnis zu den Verbindlichkeiten aus Lieferungen und Leistungen. Man spricht dann vom Kreditorenumschlag (engl. Accounts Payables Turnover).

$$\text{Kreditorenumschlag} = \frac{\text{Umsatzkosten}}{\varnothing \text{ Verbindlichkeiten aus L\&L}} \tag{16}$$

Der Kreditorenumschlag misst, wie oft ein Unternehmen im Durchschnitt seine Verbindlichkeiten gegenüber Lieferanten innerhalb eines bestimmten Zeitraums beglichen hat. Eine höhere Kennzahl deutet darauf hin, dass das Unternehmen seine Lieferantenverbindlichkeiten schneller bezahlt. Eine niedrigere Kennzahl hingegen könnte darauf hinweisen, dass das Unternehmen längere Zahlungsfristen in Anspruch nimmt oder über finanzielle Probleme verfügt. Zu beachten ist allerdings, dass Lieferantenverbindlichkeiten in der Regel unverzinst sind. Es handelt sich daher um eine kostengünstige Finanzierungsquelle und Unternehmen sollten, ökonomisch betrachtet, die Zahlung so lange aufschieben, wie es die Lieferanten zulassen.

Analog zur bisherigen Vorgehensweise, kann auch der Kreditorenumschlag in Tage umgerechnet werden und man spricht dann von dem Lieferantenziel (engl. Days Payables Outstanding, DPO).

$$\varnothing \text{ Lieferantenziel (DPO)} = \frac{365}{\text{Kreditorenumschlag}} \tag{17}$$

Nehmen wir einen Kreditorenumschlag von 300,0 % an, begleicht das Unternehmen also durchschnittlich nach 365/3 = 121,7 Tagen seine Lieferantenrechnungen.

Mithilfe der Lagerperiode, der Inkassoperiode und dem Lieferantenziel können wir nun die Zeitdauer berechnen, die die Liquidität eines Unternehmens in das Betriebskapital gebunden ist. Diese Kennzahl bezeichnet man auch als den Geldumschlag (engl. Cash Conversion Cycle, CCC). Er berechnet sich wie folgt:

$$\text{Geldumschlag (CCC)} = \text{DIO} + \text{DSO} - \text{DPO} \tag{18}$$

Die nachstehende Übersicht beschreibt dann grafisch, was sich hinter dieser Formel eigentlich verbirgt.

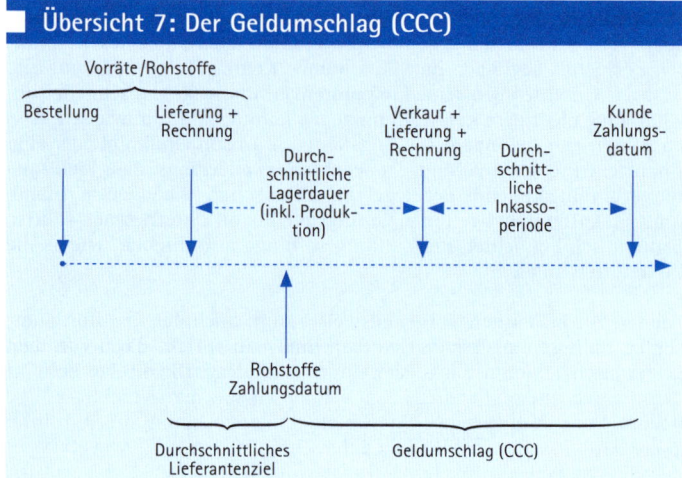

Um zu produzieren, bestellt ein Unternehmen Vorräte bzw. Rohstoffe und bekommt eine Rechnung. Diese muss sie in unserem Beispiel erst nach 121 Tagen bezahlen. Natürlich kann das Unternehmen aber bereits, bevor diese Rechnung beglichen werden muss, mit der Produktion beginnen und sie abschließen. Das Produkt liegt dann noch auf Lager, bis es endlich nach durchschnittlich 73 Tagen verkauft werden konnte. Der Kunde bezahlt dann durchschnittlich nach 91,2 Tagen und der Geldzyklus ist vervollständigt. Das Geld ist also insgesamt 73 Tage + 91,2 Tage – 121 Tage = 43,2 Tage im Betriebskapital gebunden gewesen. Je kürzer der Geldumschlag ist, umso schneller wird das gebundene Kapital wieder als Geld freigesetzt.

Fall 31
Der Geldumschlag (CCC)

Sai ermittelt für die Geldzauber AG die folgenden Finanzdaten, um deren Geldumschlag zu berechnen: Umsatzerlöse 100.000 €, Umsatzkosten 80.000 €, Ø Forderungen aus L&L 5.479 €, Ø Verbindlichkeiten aus L&L 32.877 € und Ø Vorräte 17.534 €. Das Ergebnis ist allerdings für ihn eine Überraschung und lässt ihn ratlos zurück. Können Sie ebenfalls den Geldumschlag ermitteln und Sai bei der Interpretation des Ergebnisses helfen?

Wir setzen die Werte in die Formeln ein und erhalten folgende Ergebnisse:

$$\text{Vorratsumschlag} = \frac{80.000\ €}{17.534\ €} = 456{,}3\ \%$$

$$\text{Ø Lagerdauer (DIO)} = \frac{365}{4{,}56} = 80$$

$$\text{Debitorenumschlag} = \frac{100.000\ €}{5.479\ €} = 1.825\ \%$$

$$\text{Ø Inkassoperiode (DSO)} = \frac{365}{18{,}12} = 20$$

$$\text{Kreditorenumschlag} = \frac{80.000\ €}{32.877\ €} = 243{,}3\ \%$$

$$\text{Ø Lieferantenziel (DPO)} = \frac{365}{2{,}43} = 150$$

Geldumschlag = 80 Tage + 20 Tage – 150 Tage = – 50 Tage

Das Ergebnis ist also, dass das Geld insgesamt – 50 (!) Tage im Unternehmen gebunden ist. Doch wie lässt sich dieses mathematisch korrekte Resultat ökonomisch interpretieren? Hierzu sollten wir uns die zeitliche Abfolge nochmal vergegenwärtigen. Das Unternehmen bekommt also Rohstoffe geliefert, mit denen es das Produkt durchschnittlich innerhalb von 80 Tagen herstellt und verkauft. Die Kunden zahlen durchschnittlich 20 Tage später. Nach 100 Tagen haben wir also einen Geldeingang. Wir müssen unsere Lieferanten aber erst durchschnittlich innerhalb der nächsten 50 Tage bezahlen und können innerhalb dieser Zeitspanne das Geld anderweitig anlegen oder investieren. *Ein negativer Geldumschlag ist daher als überaus positiv anzusehen und ein Zeichen von einer besonders hohen Marktmacht.*

Fall 32
Durchgehende Fallstudie: Geldumschlag (CCC)

Ein letztes Mal blättert Christina gedankenversunken in den Jahresabschlüssen der Erfolg AG und kalkuliert für Sie die zur Berechnung des Geldumschlages erforderlichen Kennzahlen.

In Tagen	01	02	03
Ø Lagerdauer (DIO)	35,9	36,5	36,4
Ø Inkassoperiode	22,5	26,2	26,2
Ø Lieferantenziel	17	17	16,9

Erfolgswirtschaftliche Bilanzanalyse

Setzen Sie auf dieser tollen Vorarbeit auf, um den Geldumschlag für dieses Unternehmen für die Jahre 01 bis 03 zu bestimmen. Interpretieren Sie das Ergebnis. Worauf sind die Veränderungen in der Kennzahl hauptsächlich zurückzuführen? Der Geldumschlag der Konkurrenz beträgt durchschnittlich 50 Tage.

Geldumschlag im Jahr 01 = 35,9 Tage + 22,5 Tage − 17 Tage = 41,4 Tage

Geldumschlag im Jahr 02 = 36,5 Tage + 26,2 Tage − 17 Tage = 45,7 Tage

Geldumschlag im Jahr 04 = 36,4 Tage + 26,2 Tage − 16,9 Tage = 45,7 Tage

Der Geldumschlag hat sich also innerhalb eines Jahres um 45,7 Tage − 41,4 Tage = 4,3 Tage verschlechtert. Anders formuliert dauert es durchschnittlich nun 4,3 Tage länger, bis das Unternehmen sein in das Betriebskapital gebundenes Kapital in Liquidität umwandeln kann. Ursächlich hierfür war hauptsächlich die Verschlechterung in der durchschnittlichen Inkassoperiode i.H.v. 26,2 Tage − 22,5 Tage = 3,7 Tage. Dies bedeutet, dass die Kunden durchschnittlich erst 3,7 Tage später bezahlen. Hinzu kommt, dass die Vorräte nun auch 36,5 Tage − 35,9 Tage = 0,6 Tage länger auf Lager liegen. Im Vergleich von Jahr 02 zu 03 gab es noch eine leichte Verbesserung bei der Lagerdauer sowie eine leichte Verschlechterung des Lieferantenziels, die sich insgesamt aufheben. Der Geldumschlag blieb daher konstant bei 45,7 Tagen. Die Konkurrenz ist mit einem durchschnittlichen Geldumschlag von 50 Tagen vergleichsweise schlechter. Damit setzt die Erfolg AG nicht nur das Anlagevermögen, sondern auch das Betriebskapital produktiver ein, als die Mitbewerber.

Leitsatz 31

Produktivität im Betriebskapital

Die Produktivität im Umlaufvermögen kann am besten durch den **Geldumschlag (CCC)** beschrieben werden. Er misst die Zeit, die ein Unternehmen benötigt, um die in seinem Betriebskapital gebundene Liquidität wieder freizusetzen. Er berechnet sich als Ø Lagerdauer (DIO) + Ø Inkassoperiode (DSO) − Ø Lieferantenziel (DPO) und sollte so kurz wie möglich sein. Die **Lagerdauer** misst die durchschnittliche Zeit, die ein Unternehmen benötigt, um seinen Lagerbestand herzustellen und zu verkaufen. Die **Inkassoperiode** entspricht der durchschnittlichen Zeit, die ein Unternehmen benötigt, um die Forderungen von den Kunden einzuziehen. Das **Lieferantenziel** schließlich ermittelt die durchschnittliche Zeit, die ein Unternehmen benötigt, um seine Lieferanten zu bezahlen.

Leitsatz 32

Die wichtigsten Fragen zur Analyse der Produktivität

- **Wie gut verwaltet das Unternehmen seine Vorräte?** Sind die Produktionstechniken auf dem neuesten Stand der Technik und wettbewerbsfähig? Wie gut ist das Lieferanten- und Logistikmanagement? Bestehen langfristige Verträge mit den Lieferanten? Hat sich der Lagerbestand an Vorräten geändert? Falls ja, was ist der Grund dafür? Sind neue Produkte in Planung und treten diese in Konkurrenz zu den bestehenden Produkten?
- **Wie gut ist das Forderungsmanagement des Unternehmens?** Steht diese Politik im Einklang mit seiner Marketingstrategie und den Gepflogenheiten in der Branche?
- **Nimmt das Unternehmen zu wenig / zu viele Lieferantenkredite in Anspruch?**
- **Sind die Investitionen des Unternehmens in das Anlagevermögen mit der Unternehmensstrategie vereinbar?** Welche Neuakquisitionen sind geplant und in welchen Bereichen soll desinvestiert werden?

Nachdem wir nun die wichtigsten Produktivitäts- und Produktivitätskennzahlen kennengelernt haben, ergibt sich nun das vollständige Bild der Eigenkapitalrendite nach dem DuPont-Kennzahlensystem. Dieses wird zusammenfassend in der folgenden Übersicht grafisch dargestellt.

104 Erfolgswirtschaftliche Bilanzanalyse

Übersicht 8: Das vollständige DuPont-Kennzahlensystem

Eigenkapitalrendite
$$\frac{\text{Nettogewinn}}{\varnothing \text{ Eigenkapital}}$$

Gesamtkapitalrendite
$$\frac{\text{Nettogewinn}}{\varnothing \text{ Gesamtkapital}}$$

×

Eigenkapitalmultiplikator
$$\frac{\varnothing \text{ Gesamtkapital}}{\varnothing \text{ Eigenkapital}}$$

Wie ist das Unternehmen **finanziert**?

Nettogewinnmarge
$$\frac{\text{Nettogewinn}}{\text{Umsatzerlöse}}$$

×

Kapitalumschlag
$$\frac{\text{Umsatzerlöse}}{\varnothing \text{ Gesamtkapital}}$$

Rohgewinnmarge = $\frac{\text{Rohgewinn}}{\text{Umsatzerlöse}}$

Betriebsgewinnmarge = $\frac{\text{Betriebsgewinn}}{\text{Umsatzerlöse}}$

Aufwandsquoten = $\frac{\text{Aufwandsposition}}{\text{Umsatzerlöse}}$

Geldumschlag (CCC)

$\varnothing$ Lagerdauer = $\frac{365}{\text{Vorratsumschlag}}$

$\varnothing$ Inkassoperiode = $\frac{365}{\text{Debitorenumschlag}}$

$\varnothing$ Lieferantenziel = $\frac{365}{\text{Kreditorenumschlag}}$

Anlagevermögensumschlag
$$\frac{\text{Umsatzerlöse}}{\varnothing \text{ Anlagevermögen}}$$

Wie **profitabel** ist das Unternehmen?

Wie **produktiv** ist das Unternehmen?

Lektion 11: Weitere Rentabilitätskennzahlen

11.1 Return on Capital Employed (ROCE) und Return on Invested Capital (ROIC)

Neben der Gesamtkapitalrendite gibt es noch zahlreiche weitere Kennzahlen zur Messung der Effizienz und Rentabilität eines Unternehmens. Die zwei bekanntesten von ihnen sind der Return on Capital Employed (ROCE) und der Return on Invested Capital (ROIC).

$$\text{Kapitalumschlag} = \frac{\text{Umsatzerlöse}}{\text{Ø Gesamtvermögen}} \tag{19}$$

Im Gegensatz zur Gesamtkapitalrendite verwendet ROCE nicht den Nettogewinn, sondern den Betriebsgewinn (Earnings Before Interest and Taxes, EBIT) und anstelle des durchschnittlichen Gesamtvermögens das durchschnittliche gebundene Kapital (engl. Capital Employeed). Den Betriebsgewinn können wir direkt aus der GuV ablesen, denn er ist das Ergebnis der operativen Geschäftstätigkeit vor Zinsen und Steuern. Das gebundene Kapital wird mit der folgenden Formel berechnet:

$$\text{Gebundenes Kapital} = \text{Gesamtvermögen} - \text{kurzfristige Verbindlichkeiten} \tag{20}$$

Doch was steckt hinter dieser Berechnung? Aus der Bilanzgleichung folgt, dass das Gesamtvermögen mit kurz- und langfristigem Kapital finanziert ist (Gesamtvermögen = Eigenkapital + langfristiges Fremdkapital + kurzfristiges Fremdkapital). Indem die kurzfristigen Verbindlichkeiten vom Gesamtvermögen abgezogen werden, berücksichtigt das eingesetzte Kapital somit nur die Vermögenswerte, die langfristig sowohl mit Eigen- als auch Fremdkapital finanziert wurden. Diese Vermögenswerte sind damit langfristig gebunden, um damit das operative Geschäft zu betreiben und Gewinne zu erzielen.

Der ROCE berechnet somit die operative Rendite des langfristig im Unternehmen gebundenen Vermögens, ohne Berücksichtigung von Zins- und Steuereffekten. Sie fokussiert sich auf die betriebliche Kernleistung des Unternehmens ohne verzerrende Zins- und Steuereffekte. Der ROCE wird daher häufig als die „bessere" Rentabilitätskennzahl angesehen und der Gesamtkapitalrendite vorgezogen. Dieser Auffassung ist aber nicht vorbehaltslos zuzustimmen, denn schließlich stellt auch der Zugang zu günstigem Fremdkapital sowie eine niedrigere effektive Steuerquote, komparative Wettbewerbsvorteile dar. Es kommt daher auf den Einzelfall an, welche der beiden Kennzahlen geeignet ist.

Der ROIC verwendet als erfolgswirtschaftliche Größe den Net Operating Profit After Tax (NOPAT) und setzt ihn ins Verhältnis zum langfristig investierten Kapital. Der NOPAT ist das operative Ergebnis unter Berücksichtigung der Steuern; aber ohne das Zinsergebnis.

$$ROIC = \frac{NOPAT}{\varnothing \text{ Investiertes Kapital}} \tag{21}$$

Der NOPAT kürzt das operative Ergebnis um den effektiven Steuersatz. Diesen können Sie auch mithilfe der GuV berechnen, indem Sie die Steuern vom Ertrag bzw. Ertragsteuern, durch den Nettogewinn teilen.

$$NOPAT = EBIT \times (1 - \text{effektiver Steuersatz}) \tag{22}$$

Der ROIC berechnet damit die operative Rendite des langfristig im Unternehmen investierten Vermögens, ohne Zinseffekte aber unter Berücksichtigung von Steuern.

Der wesentliche Unterschied zwischen ROIC und ROCE besteht darin, dass der ROCE auf Zahlen vor Steuern und ROIC auf Zahlen nach Steuern beruht.

Leitsatz 33

Definitionen des gebundenen und des investierten Kapitals

Kennzahlen werden, wie zuvor erwähnt, in unterschiedlichen Zusammenhängen abweichend definiert. Dies gilt insbesondere für die Begriffe „gebundenes Kapital" und „investiertes Kapital", für die unzählige abweichende Definitionen gebräuchlich sind. Im Kern beschreiben sie aber alle das Konzept von langfristigem Vermögen, das in ein Unternehmen investiert wird, um damit eine Rendite zu erwirtschaften. In diesem Buch werden wir daher diese beiden Begriffe synonym verwenden (Investiertes Kapital = Gebundenes Kapital).

Abschließen sei erwähnt, dass diese beiden Kennzahlen häufig auch den **durchschnittlich gewichteten Kapitalkosten (engl. Weighted Average Cost of Capital, WACC)** gegenübergestellt werden, um die Wirtschaftlichkeit von Investitionen zu beurteilen (näheres hierzu finden Sie in dem Buch **Investitionsrechnung – leicht gemacht®**).

Fall 33
Gesamtkapitalrendite, ROCE und ROIC

Anna erhebt die folgenden Finanzdaten der Wealth Wizards AG (IFRS), um deren ROCE, ROIC und die Gesamtkapitalrendite für dieses Unternehmen in dem Dreijahreszeitraum zu berechnen. Obwohl Sie zwar die Kennzahlen korrekt ermittelt, tut sie sich schwer, diese sinnvoll zu interpretieren. Können Sie die Kennzahlen kalkulieren und für Anna interpretieren?

In Mio. €	01	02	03
Betriebsgewinn (EBIT)	350	476	578
Ertragsteuern	67	97	126
Nettogewinn	224	323	420
Ø Gebundenes / Investiertes Kapital	2.000	2.800	3.500
Ø Gesamtvermögenvermögen	3.200	4.300	5.250

Zur Berechnung des ROIC wird lediglich noch der NOPAT benötigt, für den wir wiederum zunächst den effektiven Steuersatz berechnen müssen. Hierzu teilen wir die Steuern durch den Nettogewinn. Es ergibt sich folgendes Ergebnis.

In %	01	02	03
Effektiver Steuersatz	30*	30	30
NOPAT	245**	333,2	404,6
Gesamtlapitalrendite	7***	7,5	8

Erfolgswirtschaftliche Bilanzanalyse

ROCE	17,5****	17	16,5
ROIC	12,3*****	11,9	11,6

* Berechnungsbeispiel: $\frac{67 \text{ Mio. €}}{224 \text{ Mio. €}} = 30\%$

** Berechnungsbeispiel: 350 Mio. € ×(1 − 30%) = 245 Mio. €

*** Berechnungsbeispiel: $\frac{224 \text{ Mio. €}}{3.200 \text{ Mio. €}} = 7\%$

**** Berechnungsbeispiel: $\frac{350 \text{ Mio. €}}{2.000 \text{ Mio. €}} = 17,5\%$

***** Berechnungsbeispiel: $\frac{245 \text{ Mio. €}}{2.000 \text{ Mio. €}} = 12,3\%$

In diesem Beispielfall gilt also folgende Rentabilitätsreihenfolge:

ROCE > ROIC > Gesamtkapitalrendite.

Dies muss nicht notwendigerweise so sein, da sowohl ROCE und ROIC auf das operative Ergebnis abstellen. Hat ein Unternehmen ein hohes positives Finanzergebnis, was erst nach dem operativen Ergebnis erfasst wird, kann sich durchaus auch eine andere Reihenfolge ergeben.

Die Auswahl zwischen der Gesamtkapitalrendite, ROCE und ROIC hängt von den spezifischen Fragestellungen und dem Kontext ab. **Die Gesamtkapitalrendite ist nützlich, um zu beurteilen, wie effektiv das Unternehmen seine gesamten Vermögenswerte nutzt, um damit Gewinne zu erzielen.** Im Beispielfall ist ein positiver Trend bei der Gesamtkapitalrendite erkennbar (von 7% auf 8% innerhalb von drei Jahren). Das Gesamtvermögen ist stetig angestiegen; mit diesen zusätzlichen Vermögenswerten konnte überproportional mehr Nettogewinn erwirtschaftet werden.

ROCE misst die Rentabilität des langfristig eingesetzten Kapitals aus Unternehmenssicht, da es eine Kennzahl vor Steuern und vor Zinsen ist. Hier ist ein absteigender Trend zu beobachten. Zwar konnte das Unternehmen den Betriebsgewinn im Zeitablauf kontinuierlich steigern, allerdings setzt es hierzu überproportional mehr langfristig gebundenes

Vermögen ein. Betrug der Anteil des investierten bzw. gebundenen Kapitals im Jahr 01 nur 62,5 % $\left(\frac{2.000 \text{ Mio.\$}}{3.200 \text{ Mio.\$}}\right)$, stieg dieser Anteil im Jahr 03 auf 66,7 % $\left(\frac{3.500 \text{ Mio.\$}}{5.250 \text{ Mio.\$}}\right)$ an.

Analog entwickelt sich der ROIC. Aufgrund der in diesem Buch gewählten Definition ist der einzige Unterschied zum ROCE der effektive Steuersatz. Der ROIC ist damit eine Kennzahl, die die Rentabilität des langfristig eingesetzten Kapitals aus Investorensicht misst. Ihnen steht schließlich ein Ergebnis nach Steuern zu.

> **Leitsatz 34**
>
> **ROIC und ROCE**
>
> ROIC und ROCE sind alternative Rentabilitätskennzahlen zu der Gesamtkapitalrendite. Sie messen, wie effizient ein Unternehmen sein langfristiges Kapital zur Erzielung von Gewinnen einsetzt.

11.2 Aktienrentabilität

Beim Erwerb von Aktien ist es wichtig, eine fundierte Entscheidung auf Grundlage einer umfassenden Analyse der Unternehmensfinanzdaten, der Branchentrends und des allgemeinen Marktumfelds zu treffen. Auf all diese Aspekte sind wir in den vergangenen Kapiteln bereits ausführlich eingegangen. Wir sind damit in der Lage einschätzen zu können, wie gut oder wie schlecht das untersuchte Unternehmen finanziell aufgestellt ist. Was wir mit den traditionellen, bilanz- und ertragsbasierten Kennzahlen noch nicht abschließend beurteilen können ist die Frage, ob sich eine Investition in die Aktie des betroffenen Unternehmens lohnt?

Sicherlich haben Sie schon einmal das Sprichwort gehört, dass gute Unternehmen schlechte Aktien seien. Dies ist jedoch ein Märchen, denn es gibt keinen direkten Zusammenhang zwischen der Qualität eines Unternehmens und der Performance seiner Aktie. Ein Unternehmen kann solide Fundamentaldaten, ein gutes Managementteam und ein vielversprechendes Geschäftsmodell haben, dennoch kann der Aktienkurs kurzfristig unter Druck geraten. Es ist allerdings richtig, dass der

Aktienmarkt langfristig dazu neigt, die Fundamentaldaten eines Unternehmens widerzuspiegeln. Gute Unternehmen haben langfristig daher oft die Möglichkeit, ihren Aktienkurs zu steigern, wenn sie weiterhin starke Ergebnisse liefern und ihr Geschäft ausbauen.

Erweitern wir also unsere Analysemöglichkeiten um marktbasierte Kennzahlen. Der große Vorteil dieser Kennzahlenart ist, dass sie eine aktuelle Einschätzung des Marktes über den Wert eines Unternehmens, dem Risiko sowie der zukünftigen Gewinn- und Wachstumsaussichten geben. Die zwei wichtigsten Kennzahlen dieser Kategorie sind der Gewinn je Aktie und das Kurs-Gewinn Verhältnis.

Der Gewinn je Aktie (engl. Earnings per Share, kurz EPS) ist ein wichtiger Indikator für die Rentabilität eines Unternehmens und wird von den Anlegern bei ihren Investitionsentscheidungen häufig berücksichtigt. Er wird berechnet, indem der Nettogewinn des Unternehmens nach Steuern durch die Anzahl der ausstehenden Aktien geteilt wird.

$$\text{Gewinn je Aktie (EPS)} = \frac{\text{Nettogewinn}}{\text{Anzahl der austehenden Aktien}} \qquad (23)$$

Das Ergebnis des Gewinns je Aktie ist also ein absoluter Wert. Er besagt, wieviel Euro einem Investor zustehen, wenn er eine Aktie des Unternehmens besitzt. Betrachtet man die Entwicklung des Gewinns je Aktie im Zeitablauf, kann man hieraus Trends erkennen. Ein höherer Gewinn pro Aktie deutet auf eine höhere Rentabilität hin, während ein rückläufiger Gewinn pro Aktie Anlass zur Sorge über die finanzielle Gesundheit eines Unternehmens oder dessen Profitabilität geben könnte. Zum anderen sollte der Gewinn je Aktie eines Unternehmens mit dem seiner Konkurrenten in derselben Branche verglichen werden. Investoren können damit erkennen, welche Aktien mehr Gewinn abwerfen und ihre Investitionsentscheidung entsprechend treffen.

Trivialerweise kann der Gewinn je Aktie zum einen dadurch verbessert werden, indem man den Nettogewinn erhöht. Wir haben in diesem Buch bereits über vielfache Techniken gesprochen, um dies zu bewerkstelligen. Fokussieren wir uns also auf den zweiten Einflussfaktor: der Anzahl der ausstehenden Aktien. Kauft ein Unternehmen seine eigenen Aktien zurück, wird dadurch die Anzahl der ausstehenden Aktien reduziert. In diesem Fall erhöht sich diese Kennzahl selbst bei gleichbleibendem Konzerngewinn, da der Gewinn nun auf weniger Aktionäre aufgeteilt werden muss. Ein Aktienrückkaufprogramm ist daher tendenziell vorteilhaft. Umgekehrt kann ein Unternehmen auch neue Aktien ausgeben, um sein Eigenkapital zu erhöhen. Dadurch sinkt zunächst der Anteil je Aktionär am Unternehmen und damit auch der Gewinn je Aktie. Man spricht von einer Verwässerung (engl. Dilution). Ob die Ausgabe neuer Aktie auch auf Dauer nachteilig für die Aktionäre ist, hängt davon ab, wie das Unternehmen das neu eingeworbene Kapital verwendet.

Fall 34
Gewinn je Aktie

Hanna ist Großaktionärin der Investment AG. Sie besitzt insgesamt 3 Mio. Aktien. Das Unternehmen führt in den folgenden Jahren diverse Aktienrückkäufe und Neuemissionen durch. Berechnen Sie mithilfe der folgenden Daten den Gewinn je Aktie sowie die Eigenkapitalrentabilität. Bewerten Sie die Entwicklung aus Hannas Sicht.

In Mio. €	01	02	03
Nettogewinn	1.150	1.290	1.310
Anzahl ausstehender Aktien	346	333	332
Ø Eigenkapital	5.550	5.750	5.700

Setzen wir die Werte in die Formeln ein, erhalten wir die folgenden Ergebnisse:

In %	01	02	03
Gewinn je Aktie	3,32	3,87	3,95
Eigenkapitalrentabilität	20,7	22,4	23

Sowohl die Eigenkapitalrendite als auch der Gewinn je Aktie sind im Dreijahreszeitraum gestiegen. Die Investment AG hat über den Beobachtungszeitraum erhebliche Aktien zurückgekauft, wie aus dem Rückgang der ausstehenden Aktien hervorgeht. Verbunden mit einer Steigerung des Nettogewinns erhöhte sich der Gewinn pro Aktie erheblich.

Für Hanna ist das eine sehr erfreuliche Entwicklung. Während sie im Jahr 01 zu insgesamt 0,87 % $\left(\frac{3\text{ Mio. Aktien}}{346\text{ Mio. Aktien}}\right)$ an der Investment AG beteiligt war, erhöhte sich dieser Anteil ohne eigenes Zutun infolge der Aktienrückkäufe auf 0,90 %. Ihr stehen nun 3 Mio. Aktien × 3,95 €/Aktie = 11,85 Mio. € an dem Unternehmensgewinn zu. Verglichen mit den 9,96 Mio. € (3 Mio. Aktien × 3,32 €/Aktie) im Jahr 01, ist das eine Steigerung um ca. 19,0 % in zwei Jahren. Im gleichen Zeitraum ist der Nettogewinn lediglich um 13,9 % gestiegen.

Auffällig ist zudem, dass das durchschnittliche Eigenkapital im Jahr 02 gestiegen und im Jahr 03 gesunken ist. Hier wirken zwei gegenläufige Effekte. Zum einen erhöht der gestiegene Nettogewinn das Eigenkapital (wenn er nicht ausgeschüttet wird). Zum anderen wird durch ein Aktienrückkaufprogramm nicht nur die Anzahl der ausstehenden Aktien reduziert, sondern auch das Eigenkapital. Je nachdem welcher Effekt stärker ist, kann es zu einer Erhöhung des Eigenkapitals (wie im Jahr 02) oder zu einer Senkung (wie im Jahr 03) kommen.

Die zweite wichtige Kennzahl bei der Aktienanalyse ist das Kurs-Gewinn-Verhältnis (engl. Price-Earnings Ratio, PE-Ratio). Es wird berechnet, indem der Aktienkurs eines Unternehmens durch seinen Gewinn pro Aktie geteilt wird.

$$\text{Kurs – Gewinn – Verhältnis (KGV)} = \frac{\text{Aktienkurs}}{\text{Gewinn pro Aktie}} \qquad (24)$$

Beträgt der Aktienkurs also z.B. 70 € und der Gewinn je Aktie 3,50 €, dann ergibt das ein KGV von 20. Das KGV kann als die Anzahl an Jahren interpretiert werden, die ein Unternehmen denselben Gewinn je Aktie erzielen müsste, bis es den aktuellen Aktienkurs erreicht hat. Je niedriger das KGV ist, desto schneller ist dieser Wert also erreicht. In diesem Beispiel, müsste also das Unternehmen 20 Jahre lang einen konstanten Gewinn je Aktie von 3,50 € erwirtschaften, um einen aktuellen Aktienkurs von 70 € zu erreichen.

Das KGV ist eines der am häufigsten verwendeten Instrumente, mit denen Anleger und Analysten eine relative Bewertung einer Aktie vornehmen. Hierzu wird das KGV mit denen der Branchenkonkurrenten verglichen. Ein vergleichsweise hohes KGV deutet darauf hin, dass die Aktie überbewertet ist und umgekehrt. Ist der Gewinn je Aktie negativ, also gab es einen Nettoverlust, dann wird auch das KGV negativ. Es ist in einem solchen Fall nicht mehr sinnvoll interpretierbar.

Problematisch am KGV ist allerdings, dass es eine sehr dynamische Größe (Aktienkurs) ins Verhältnis zu einer nur unregelmäßig ermittelten Größe (Gewinn je Aktie) setzt. Der Markt berücksichtigt im Aktienkurs zudem ununterbrochen die zukünftigen Gewinnaussichten des Unternehmens. Im Gegensatz dazu sagt der Gewinn je Aktie nur etwas darüber aus, wieviel das Unternehmen aktuell an Gewinn erzielen konnte. Er trifft aber keine Aussagen darüber, wieviel Gewinn das Unternehmen in Zukunft erzielen wird. Aus diesem Grund ist auch bei einem sehr niedrigem KGV Vorsicht geboten.

Stellen Sie sich beispielsweise ein Unternehmen vor, über das aktuell sehr schlecht in den Nachrichten berichtet wird. Der Aktienmarkt wird dann seine Prognose über das künftige Gewinnwachstum nach unten korrigieren und der Aktienkurs wird entsprechend fallen. Das KGV wird infolgedessen ebenfalls sinken, weil die Aktie nun deutlich günstiger am Markt angeboten wird. Sollte der Markt allerdings mit seiner niedrigeren Gewinnerwartung Recht behalten, wird sich bei der nächsten Veröffentlichung der Bilanzen auch der Gewinn je Aktie verschlechtern. Das KGV würde sich dann wieder auf einen realistischen Wert erhöhen. Anleger, die in der Zwischenzeit die attraktiv wirkende Aktie gekauft haben, wären einer Illusion aufgesessen. Sie sollten sich daher immer fragen, was die Gründe für ein niedriges KGV sind.

Leitsatz 35

Gewinn je Aktie und das Kurs-Gewinn-Verhältnis

Der **Gewinn je Aktie** ist eine zentrale Kennzahl, die die Rentabilität eines Unternehmens pro ausstehender Aktie quantifiziert. Sie spiegelt den Nettogewinn wider, der jedem Anteilseigner für seine Beteiligung am Unternehmen zusteht.

Das **Kurs-Gewinn-Verhältnis (KGV)** ist ein einfaches Bewertungsinstrument, das den aktuellen Marktpreis einer Aktie ins Verhältnis zu ihrem Gewinn je Aktie setzt. Ein niedriges KGV **im Vergleich zu Branchenkonkurrenten** deutet tendenziell darauf hin, dass der Markt die Aktie als günstig betrachtet. Es ist jedoch wichtig zu beachten, dass das KGV allein nicht ausreicht, um eine fundierte Anlageentscheidung zu treffen, **da der Gewinn je Aktie die zukünftige Gewinnentwicklung unberücksichtigt lässt**. Das KGV sollte daher stets in Verbindung mit anderen Kennzahlen und einer gründlichen Fundamentalanalyse betrachtet werden.

IV. Finanzwirtschaftliche Bilanzanalyse

Wie wir bereits gesehen haben, kann durch die Erhöhung des Verschuldungsgrades die Eigenkapitalrendite gehebelt werden. Allerdings geht das Unternehmen mit zunehmender Verschuldung auch größere finanzielle Risiken ein, die im schlimmsten Fall zur Insolvenz des Unternehmens führen können. Man unterscheidet hierbei zwischen Liquiditätsrisiken und Solvenzrisiken. Ein Liquiditätsrisiko entsteht, wenn ein Unternehmen nicht über genügend liquide Mittel (Bargeld oder leicht in Geld konvertierbare Vermögenswerte) verfügt, um seine kurzfristigen finanziellen Verpflichtungen, zu erfüllen. Demgegenüber besteht ein Solvenzrisiko für ein Unternehmen, wenn es aufgrund hoher Schulden, rückläufiger Einnahmen oder anderer Faktoren nicht seine langfristigen Schulden bedienen kann. In beiden Fällen spricht man von einem gestörten finanziellen Gleichgewicht.

Wir werden uns daher in den folgenden Lektionen weitere Kennzahlen ansehen, mithilfe derer wir die Liquiditäts- und Verschuldungssituation eines Unternehmens beurteilen können. Daneben werden wir einen Blick auf Ratingagenturen werfen. Dies sind Unternehmen, die die Kreditwürdigkeit von Unternehmen beurteilen. Ihr Urteil hat eine große Signalwirkung auf Investoren und bestimmt maßgeblich, wie teuer die Aufnahme von Fremdkapital am Finanzmarkt für ein Unternehmen ist.

Lektion 12: Analyse kurzfristiger Liquiditätsrisiken

Liquidität bezeichnet die Fähigkeit eines Unternehmens, seine finanziellen Verpflichtungen und kurzfristigen Zahlungen jederzeit zu erfüllen. Hierzu zählen beispielsweise Stromrechnungen, die Mitarbeiterlöhne oder Kreditzinsen. Kommt ein Unternehmen seinen kurzfristigen finanziellen Verpflichtungen nicht nach, hat dies potenziell sehr schwerwiegende Auswirkungen. Lieferanten und Gläubiger leiten ggf. rechtliche Schritte ein und die Geschäftsbeziehungen sowie die allgemeine Reputation verschlechtern sich. Auch können ohne liquide Mittel keine erforderlichen Investitionen getätigt werden, was das Wachstum und die zukünftige Wettbewerbsfähigkeit beeinträchtigen. Eine fortwährende Illiquidität kann schließlich auch zur Insolvenz eines Unternehmens führen. Die Sicherstellung einer ausreichenden Liquidität ist daher für Unternehmen von existentieller Bedeutung und aus diesem Grund bezeichnet man Liquidität auch nicht zu Unrecht als das Blut eines Unternehmens.

Bilanztechnisch finden wir die aktuelle Liquidität unter den Posten Zahlungsmittel und Zahlungsmitteläquivalente. Zahlungsmittel sind physische Formen von Geld oder Bankeinlagen, die sofort abgehoben und für Zahlungen genutzt werden können. Als Zahlungsmitteläquivalente bezeichnet man hochliquide Finanzinstrumente, die sehr schnell in Bargeld umgewandelt werden können und nur ein sehr geringes Risiko aufweisen (z.B. Anteile an Geldmarktfonds oder kurzfristig festverzinsliche Wertpapiere). Daneben stellen die Forderungen aus Lieferungen und Leistungen und Vorräte die potenzielle zukünftige Liquidität eines Unternehmens dar. So sind Forderungen Geldbeträge, die das Unternehmen von seinen Kunden noch nicht erhalten hat, aber in naher Zukunft erwarten kann. Dasselbe gilt für die Vorräte im Lager. Sobald sie verkauft werden, führt dies entweder zu einem direkten Zahlungseingang oder zur Entstehung einer Forderung

Liquiditätskennzahlen stellen nun auf das Verhältnis von liquiden Mitteln, Forderungen aus Lieferungen und Leistungen und Vorräten zu den kurzfristigen Verbindlichkeiten ab. Man vergleicht, ob die aktuell vorhandenen liquiden Mitteln sowie die potenziell in der Zukunft zu erwartenden Zahlungseingänge ausreichen, um die kurzfristig zu erwartenden Zahlungsausgänge zu decken. Die drei folgenden Liquiditätsgrade sind hierbei am geläufigsten:

$$\text{Liquidität 1. Grades} = \frac{\text{Zahlungsmittel und -äquivalente}}{\text{kurzfristige Verbindlichkeiten}} \qquad (25)$$

$$\text{Liquidität 2. Grades} = \frac{\text{Zahlungsmittel und -äquivalente + Forderungen aus L\&L}}{\text{kurzfristige Verbindlichkeiten}} \qquad (26)$$

$$\text{Liquidität 3. Grades} = \frac{\text{Umlaufvermögen}}{\text{kurzfristige Verbindlichkeiten}} \qquad (27)$$

Der Unterschied zwischen den drei Liquiditätsgraden ist, welche Teile des Umlaufvermögens, den kurzfristigen Verbindlichkeiten gegenübergestellt werden. Die Liquidität des 1 Grades (engl. Cash Ratio) stellt die konservativste der drei Kennzahlen dar. Sie gibt Auskunft über den Anteil der kurzfristigen Schulden, die aktuell durch vorhandene liquide Mittel gedeckt werden. Die Liquidität des 2. Grades (engl. Acid Test oder Quick Ratio) bezieht hierzu noch die Forderungen aus L&L mit ein und die Liquidität des 3. Grades (engl. Current Ratio) gar das gesamte Umlaufvermögen.

Die optimale Höhe der Liquidität eines Unternehmens hängt von zahlreichen Faktoren ab, wie beispielsweise der Branche, der Geschäftsstrategie und den aktuellen makroökomischen Rahmenbedingungen. Als grober Richtwert für die Liquidität des 1. Grades gilt jedoch ein Wert zwischen 20% bis 50% als angemessen. Einen Teil der kurzfristigen Verbindlichkeiten sollte ein Unternehmen also jederzeit mit liquiden Mitteln begleichen können. Die Liquidität des 2. Grades sollte aber mehr oder weniger nahe 100% sein. Dies bedeutet, dass das Unternehmen in der Lage ist, seine kurzfristigen Verbindlichkeiten ohne Lagerbestände mit liquiden Mitteln und Forderungen zu decken. Die Liquidität 3. Grades sollte definitiv über 100% liegen, damit die zu erwartbaren kurzfristigen Mittelzuflüsse rausreichen, die zu erwarteten kurzfristige Mittelabflüsse zu decken.

Leitsatz 36

Optimale Höhe der Liquiditätskennzahlen

Je höher die Liquiditätskennzahlen sind, umso geringer ist das Risiko der Illiquidität. Im Allgemeinen bevorzugen Unternehmen und Banken daher noch deutlich höhere Quoten als 100% bei der Liquidität 3. Grades. **Sind die Liquiditätskennzahlen allerdings zu hoch, dann weist dies auf eine ineffiziente Nutzung der Vermögenswerte hin und die Gesamtkapitalrentabilität des Unternehmens sinkt.** Sollten umgekehrt die zuvor genannten Richtwerte bei diesen Kennzahlen unterschritten werden, ist das nicht notwendigerweise ein schlechtes Zeichen. Aus diesem Grund sollten Liquiditätskennzahlen – wie eigentliche alle Kennzahlen grundsätzlich auch – **nicht isoliert betrachtet werden.** Zur vollständigen Beurteilung der Liquiditätssituation können. beispielsweise noch andere Faktoren, wie der Cashflow aus operativer Tätigkeit oder der Zugang zu kurzfristigem Kapital, herangezogen werden.

■ Fall 35
Durchgehende Fallstudie: Liquiditätskennzahlen

Gosia lädt sich die Konzernabschlüsse der Finanz AG für die Jahre 01 bis 03 herunter, um die Liquiditätssituation des Unternehmens zu beurteilen. Helfen Sie ihr dabei, indem Sie mithilfe der folgenden Finanzdaten, die Liquidität 1., 2. und 3. Grades berechnen und interpretieren. Worauf könnten Veränderungen der Kennzahlen zurückzuführen sein?

In Mio. €	01	02	03
Kurzfristige Verbindlichkeiten	1.000	950	1.100
Zahlungsmittel	200	285	275
Forderungen aus Lieferungen und Leistungen	900	855	715
Umsatzvermögen	1.500	1.520	1.320

Setzen wir diese Finanzdaten in die zuvor genannten Formeln ein, berechnen sich die folgenden Liquiditätskennzahlen.

In %	01	02	03
Liquidität 1. Grades	20*	30	25
Liquidität 2. Grades	110**	120	90
Liquidität 3. Grades	150***	160	120

* Berechnungsbeispiel: $\dfrac{200 \text{ Mio.} €}{1.000 \text{ Mio.} €} = 20\,\%$

** Berechnungsbeispiel: $\dfrac{200 \text{ Mio.} € + 900 \text{ Mio.} €}{1.000 \text{ Mio.} €} = 110\,\%$

*** Berechnungsbeispiel: $\dfrac{1.500 \text{ Mio.} €}{1.000 \text{ Mio.} €} = 150\,\%$

Die Liquiditätskennzahlen der Finanz AG bewegen sich insgesamt während der drei Jahre konstant auf einem gesunden Level. Das Liquiditätsrisiko ist auf dieser Basis als gering zu bewerten. Die Liquidität 2. und 3. Grades im Jahr 01 und 02 erscheinen sogar etwas zu hoch sein, wenn wir die zuvor genannten Faustregeln als Maßstab heranziehen. Aus diesem Grund sind die Verschlechterungen dieser Kennzahl im Jahr 03 infolge gestiegener kurzfristiger Verbindlichkeiten zu verschmerzen. Ökonomisch scheinen sich zum einen das Forderungsmanagement (Forderungen aus Lieferungen und Leistungen sinken und Zahlungsmittel steigen) und zum anderen der Absatz verbessert zu haben (Vorräte sinken).

Lektion 13: Analyse langfristiger Solvenzrisiken

11.1 Kapitalstrukturkennzahlen

Bei der Analyse der Solvenz wird die Fähigkeit eines Unternehmens betrachtet, seine langfristigen finanziellen Verpflichtungen (z.B. langfristige Darlehen, Anleihen oder Hypotheken) zum vereinbarten Zeitpunkt zu bedienen. Es gibt eine Vielzahl von Kennzahlen, die zur Messung der Solvenz verwendet werden. Ihnen allen ist gemein, dass sie in irgendeiner Form die Höhe der Verschuldung ins Verhältnis zum Eigenkapital setzen.

Mit dem Eigenkapitalmultiplikator ($\frac{\varnothing \text{ Gesamtvermögen}}{\varnothing \text{ Eigenkapital}}$) haben wir eine solche Kennzahl bereits kennengelernt.

Aufgrund der Bilanzgleichung (Gesamtvermögen = Eigenkapital + Fremdkapital) lassen sich aber noch zahlreiche weitere Variationen dieser Kennzahl bilden, deren Aussagekraft sich aber jeweils stark ähnelt. Zu den bekanntesten zählen die hier vorgestellte Eigen- bzw. Fremdkapitalquote (engl. Equity Ratio bzw. Debt Ratio) und der (statische) Verschuldungsgrad (engl. Gearing).

$$\text{Eigenkapitalquote} = \frac{\text{Eigenkapital}}{\text{Gesamtvermögen}} \tag{28}$$

$$\text{Fremdkapitalquote} = \frac{\text{Fremdkapital}}{\text{Gesamtvermögen}} = 1 - \text{Eigenkapitalquote} \tag{29}$$

$$\text{(Statischer) Verschuldungsgrad} = \frac{\text{Fremdkapital}}{\text{Eigenkapital}} \tag{30}$$

Grundsätzlich gilt, dass mit zunehmender Eigenkapitalisierung auch das finanzielle Risiko eines Unternehmens sinkt, da keine rechtliche Verpflichtung besteht, den Eigenkapitalinvestoren irgendwelche Rückzahlungen des zur Verfügung gestellten Kapitals zu leisten. Dies erhöht den finanziellen Spielraum des Unternehmens, da es bei einer Fremdkapitalaufnahme regelmäßig die Zinsen und Tilgungen bedienen müsste. Auch fungiert Eigenkapital als Verlustpuffer, sodass das Unternehmen auch durch wirtschaftlich schwache Jahre kommen kann. Beide Faktoren wirken einer Überschuldung entgegen, die neben der Illiquidität der zweite wesentliche Insolvenzgrund für Unternehmen ist. Bei einer Überschuldung ist das Unternehmen nicht mehr in der Lage, die Gesamtschulden aus seinen laufenden Erträgen und Cashflows zu bedienen.

Obwohl Eigenkapital zweifelsohne viele Vorteile bietet, hat es auch einige gewichtige Nachteile. Zu nennen sind hier insbesondere (1) die höheren Kapitalkosten, (2) die Nichtausnutzung des Hebeleffekts und (3) Steuernachteile. Letzteres liegt darin begründet, dass Dividenden – im Gegensatz zu Zinsen – nicht steuerlich abzugsfähig sind.

Es stellt sich dann naturgemäß die Frage, was eine „ideale" Eigenkapitalquote bzw. Verschuldung ist. Wirtschaftswissenschaftlern bezeichnen diese Suche nach der optimalen Kapitalstruktur auch gerne als ihre Königsfrage. Wie Sie sich vorstellen können ist die Antwort auf diese Frage aber äußerst komplex und hängt von den individuellen Umständen des Unternehmens ab. So spielt die Branchenzugehörigkeit eine Rolle. Besonders kapitalintensive Branchen, wie beispielsweise die Automobilindustrie, haben regelmäßig höhere Eigenkapitalquoten. Auch die Größe, Risikobereitschaft und die Wachstumspläne des Unternehmens spielen eine erhebliche Rolle. Wie alle anderen Kennzahlen auch, sollten daher auch Solvenzkennzahlen im Branchenvergleich gesehen werden. Um Ihnen dennoch einen Richtwert zu geben, liegt nach Angaben der Deutschen Bundesbank, die durchschnittliche Eigenkapitalquote deutscher Unternehmen bei ca. 30%.

Fall 36
Durchgehende Fallstudie: Solvenzkennzahlen

Gosia führt ihre Analyse der Finanz AG fort und möchte nun wissen, ob das Unternehmen auch langfristig solvent ist. Sie berechnet die folgenden Kennzahlen, ist sich aber unschlüssig, wie diese zu interpretieren sind. Können Sie Ihr weiterhelfen?

In %	01	02	03
Eigenkapitalquote	30	35	37
Fremdkapitalquote	70	65	63
Statischer Verschuldungsgrad	233,3	185,7	170,3

Die Solvenzkennzahlen haben sich stetig verbessert. Mit steigendem Eigenkapital sinkt auch das Insolvenzrisiko. Das Risiko der Überschuldung scheint gering zu sein.

Um etwaige Solvenzrisiken in der Zukunft abschätzen zu können, lohnt sich auch regelmäßig ein Blick in den Verbindlichkeitenspiegel (engl. Liabilities Schedule). Dieser ist eine im Anhang ausgewiesene detaillierte Aufschlüsselung der Verbindlichkeiten eines Unternehmens. Er liefert zusätzliche Informationen über die Arten, Beträge und Laufzeiten der in den Jahresabschlüssen ausgewiesenen Verbindlichkeiten. Dies ermöglicht es die Struktur der Verbindlichkeiten besser zu verstehen und die zukünftige Solvenz des Unternehmens zu beurteilen.

Fall 37
Verbindlichkeitenspiegel

Betrachten und interpretieren Sie nachfolgend den Verbindlichkeitenspiegel der Unternehmen X und Y für die Jahre 01 bis 05. Er zeigt an, wieviel Mio. € an Verbindlichkeiten in dem jeweiligen Jahr zurückgezahlt werden müssen.

In Mio. €	01	02	03	04	05
X	570	560	550	450	490
Y	80	40	640	30	520

Die Fälligkeiten der Finanzverbindlichkeiten ist bei diesen Unternehmen deutlich unterschiedlich. Während Unternehmen X eine mehr oder wenig gleichbleibende Belastung hat, gibt es bei Unternehmen Y im Jahr 03 und 05 zwei größere Ausschläge. Wenn wir diese Information haben, können wir nun besser evaluieren, ob das Unternehmen auch in der Zukunft in der Lage sein wird, diesen Verpflichtungen nachzukommen.

Es bietet sich beispielsweise an, zunächst die aktuelle Ertrags- und Liquiditätssituation und den operativen Cashflow zu betrachten. Evtl. kann hierdurch ein Solvenzrisiko bereits ausgeschlossen werden, da die erwirtschaftete Liquidität zur Deckung der fälligen Verbindlichkeiten ausreichend ist. Ist dies indes nicht der Fall, sollte sich insbesondere das

Unternehmen Y bereits jetzt Gedanken zur Refinanzierung der größeren Verpflichtung in den Jahren 03 und 05 machen. Dies kann durch eine Umschuldung oder eine Erhöhung der Eigenkapitalquote geschehen. Informationen über die zukünftige Finanzierungsstrategie finden Sie ggf. im Lagebericht des Unternehmens.

Im Hinblick auf die optimale Kapitalstruktur gibt es schließlich noch eine weitere Subkategorie von Solvenzkennzahlen. Diese fokussieren sich aber nicht auf das Verhältnis von Eigen- und Fremdkapital, sondern ob die Vermögenswerte und deren Finanzierung in angemessener Weise aufeinander abgestimmt sind. Die zwei wichtigsten Kennzahlen dieser Subkategorie sind der Anlagendeckungsgrad I und II (engl. Asset Coverage).

$$\text{Anlagendeckungsgrad I} = \frac{\text{Fremdkapital}}{\text{Anlagevermögen}} \tag{31}$$

$$\text{Anlagendeckungsgrad II} = \frac{\text{Eigenkapital} + \text{langfristiges Fremdkapital}}{\text{Anlagevermögen}} \tag{32}$$

Diesen Kennzahlen liegt die sog. Goldene Bilanzregel zugrunde. Demnach ist es finanzwirtschaftlich sinnvoll, langfristig gebundenes Anlagevermögen mit langfristigem Kapital (Eigenkapital und langfristiges Fremdkapital) und kurzfristig gebundenes Umlaufvermögen mit kurzfristigem Fremdkapital zu finanzieren. Der Anlagendeckungsgrad I bzw. II sollte daher idealerweise um den Wert 100 % bewegen. Wichtig zu betonen ist aber, dass es sich bei diesen Grundsätzen nur um sehr grobe und allgemeine Richtlinien handelt. Falls das Unternehmen tatsächlich eine unausgewogene Kapitalstruktur hat, werden Sie dies aber auch anhand der anderen Rentabilitäts-, Liquiditäts- und Solvenzkennzahlen schnell merken.

Fall 38
Anlagendeckungsgrad I und II

Beurteilen Sie die Finanzierungsstruktur der Unternehmen A und B mithilfe des Anlagendeckungsgrades I und II. Gibt es Optimierungspotenziale im Hinblick auf die Kapitalstruktur?

In Mio. €	Anlagevermögen	Eigenkapital	Langfristiges Fremdkapital
A	500	300	50
B	700	400	400

Unternehmen A finanziert sein langfristiges Vermögen z.T. mit kurzfristigen Fremdkapital Anlagendeckungsgrad I $\frac{300}{500} = 60\,\%$, Anlagendeckungsgrad II $\frac{300+50}{500} = 70\,\%$. Dies kann zu Liquiditätsproblemen führen, wenn das kurzfristige Fremdkapital fällig wird. In diesem Fall muss eine Refinanzierung organisiert oder ggf. sogar Anlagevermögen veräußert werden.

Unternehmen B hingegen finanziert sein kurzfristiges Vermögen z.T. langfristig (Anlagendeckungsgrad I: 57,2 % Anlagendeckungsgrad II: 114,3 %). Auch diese Situation ist betriebswirtschaftlich ungünstig, weil das kurzfristige Vermögen zeitnah das Unternehmen verlässt und dann keine Erträge oder Cashflows mehr generiert. Das zugrundeliegende Fremdkapital muss allerdings weiterhin bedient werden.

12.2 Deckungsgrade

Fremdkapital hat für ein Unternehmen und die Anteilseigner sehr viele Vorteile. Hierzu zählt zunächst der Hebeleffekt, der die Rendite der Eigenkapitalgeber erhöht. Zudem können Zinsen auf Fremdkapital meist steuerlich abgesetzt werden, was zu einer Verringerung der Steuerlast des Unternehmens führt. Schließlich trägt die Nutzung von Fremdkapital dazu bei, dass das Management disziplinierter agiert. Schließlich muss die Unternehmensleitung sicherstellen, dass genügend Gewinne und Zahlungsmittel erwirtschaftet werden, um die Zinsen zu bedienen und die Schulden zurückzuzahlen. Aus diesem Grund sollte auch eine hohe Verschuldung nicht pauschal verteufelt werden.

Stattdessen ist es bei der Beurteilung der langfristigen Solvenz entscheidender zu wissen, ob sich das Unternehmen angesichts seiner wirtschaftlichen Leistungsfähigkeit, die aufgenommen Schulden leisten kann. Diese Frage wird durch eine bestimmte Art von Kennzahlen, den Deckungsgraden (engl. Coverage Ratios), beantwortet. Sie setzten eine durch das Unternehmen erwirtschaftete ökonomische Größe, ins Verhältnis zu den Schulden bzw. den Zinsen.

Der wohl wichtigste Vertreter dieser Kennzahlenart ist der Zinsdeckungsgrad (engl. Times-Interest Earned). Er gibt an, wie oft der Betriebsgewinn (EBIT) eines Unternehmens seine Zinslasten decken.

$$\text{Zinsdeckungsgrad} = \frac{\text{Betriebsgewinn (EBIT)}}{\text{Zinsaufwand}} \tag{33}$$

Erwirtschaftet ein Unternehmen z.B. einen Betriebsgewinn von 1.000 € und hat Zinsaufwendungen von 100 €, beträgt der Zinsdeckungsgrad 1.000 %. Das Unternehmen könnte also theoretisch seine Zinsaufwendungen zehnmal bezahlen, wenn es sein gesamtes EBIT für die Begleichung der Zinsen verwenden würde. Je höher der Zinsdeckungsgrad also ist, umso wahrscheinlicher ist ein Unternehmen in der Lage, seinen Zinsverpflichtungen nachzukommen. Aus diesem Grund gilt bei dieser Kennzahl: Je höher desto besser. Als Mindestwert wird allgemein ein Zinsdeckungsgrad von 200 % angesehen, da ansonsten ein erhöhtes Solvenzrisiko besteht.

Obwohl der Zinsdeckungsgrad in der Praxis von immenser Bedeutung ist, hat er auch drei gewichtige Nachteile. Erstens fokussiert er sich ausschließlich auf die Zinsen. Eine Rückzahlung des geliehenen Kapitals wird also explizit nicht erfasst. Stattdessen unterstellt man, dass die Refinanzierung stets möglich ist. Zweitens ist der Zinsdeckungsgrad nur unter der Annahme eines relativ konstanten operativen Ergebnisses ein geeignetes Maß für das langfristige Solvenzrisiko. Schwankt indes das operative Ergebnis stark, wird auch der Zinsdeckungsgrad stark schwanken, da die Zinsaufwendungen mehr oder weniger fix sind. Der wohl größte Nachteil ist indes, dass zur Berechnung des Zinsdeckungsgrades pagatorische Größen aus der GuV (Aufwendungen und Erträge) herangezogen werden. Es müssen allerdings nicht notwendigerweise das operative Ergebnis sowie der Zinsaufwand aus der GuV mit den tatsächlichen Zahlungsein- und -ausgängen übereinstimmen. Zinsen werden aber mit Geld und nicht mit Erträgen beglichen. Um diese Nachteile zumindest z.T. zu beseitigen, wird anstelle des operativen Ergebnisses das operative zzgl. Abschreibungen (EBITDA) verwendet. Abschreibungen stellen zwar Aufwendungen dar, haben aber keinen Zahlungsabfluss zur Folge. Das EBITDA ist damit eine bessere Approximation des Cashflows aus operativer Tätigkeit.

Um das letztere Problem zu lösen, kann auch auf eine andere Kennzahl abgestellt werden, den dynamischen Verschuldungsgrad (engl. Debt to Cash Flow). Dieser betrachtet nicht die Zinsen, sondern die Gesamtverschuldung und setzt sie ins Verhältnis zum Cashflow aus operativer Tätigkeit.

$$\text{Dynamischer Verschuldungsgrad} = \frac{\text{Gesamtverschuldung}}{\text{Cashflow aus operativer Tätigkeit}} \qquad (34)$$

Ein dynamischer Verschuldungsgrad von 8 würde z.B. bedeuten, dass theoretisch nach acht Jahren, das Unternehmen seine gesamten Schulden zurückgezahlt hat. Hierfür muss aber der gesamte aktuelle operative Cashflow ausschließlich für die Schuldentilgung verwendet werden. Wünschenswert ist somit ein besonders kleiner dynamischer Verschuldungsgrad, da es dann theoretisch weniger Zeit in Anspruch nimmt, sämtliche Schulden zurückzuzahlen. Als Faustformel kann man sagen, dass jeder Wert unter 3 (Jahren) sehr gut, zwischen 3 und 5 (Jahren) noch gut, von 5 bis 11 (Jahren) als durchschnittlich und über 11 (Jahren) als schlecht anzusehen ist.

Auch bei dieser Kennzahl wird unterstellt, dass der Cashflow aus operativer Tätigkeit über die Jahre relativ konstant bleibt. Tut er dies nicht, verliert der dynamische Verschuldungsgrad an Aussagekraft. Eine weitere Grundannahme ist, dass der Cashflow aus operativer Tätigkeit ausschließlich zur Schuldentilgung verwendet wird. Diese Annahme ist häufig aber nicht sehr realistisch, da Unternehmen regelmäßig investieren müssen, um wettbewerbsfähig zu bleiben. In einer Abwandlung dieser Kennzahl wird daher auch im Nenner der freie Cashflow (Cashflow aus operativer Tätigkeit + Cashflow aus Investitionstätigkeit) anstelle des Cashflows aus operativer Tätigkeit verwendet.

▰ Fall 39
Durchgehende Fallstudie: Deckungsgrade

Gosia führt ihre Analyse der Finanz AG fort und möchte nun wissen, ob das Unternehmen auch langfristig seinen Verpflichtungen nachkommen kann. Sie berechnet die folgenden Kennzahlen. Können Sie ihr bei der Interpretation weiterhelfen? Wie schätzen Sie die finanzielle Stabilität des Unternehmens insgesamt ein? Nutzen Sie dazu alle bisherigen Zwischenergebnisse aus den vorigen Fällen.

	01	02	03
Zinsdeckungsgrad	29	17	19
Dynamischer Verschuldungsgrad	2,2	2,4	2,7

Im Hinblick auf die Deckungsgrade können wir feststellen, dass sich die Kennzahlen im Zeitablauf verschlechtert haben. Während im Jahr 01 die Finanz AG insgesamt 29 mal die Zinsen mit ihrem operativem Ergebnis decken konnte, war dies im Jahr 03 nur noch 19 mal möglich. Ähnlich sieht es auch mit dem dynamischen Verschuldungsgrad aus. Dauerte es im Jahr 01 theoretische 2,2 Jahre bis sämtliches Fremdkapital durch den operativen Cashflow zurückgezahlt werden konnte, war hierfür im Jahr 03 ein halbes Jahr mehr nötig.

Insgesamt bewegen sich aber auch diese Kennzahlen in einem sehr guten Bereich. Unter Berücksichtigung sämtlicher Liquiditäts- und Solvenzkennzahlen sowie der Deckungsgrade ist das Unternehmen finanziell sehr stabil. Eine Insolvenz infolge einer Illiquidität oder Überschuldung ist damit sehr unwahrscheinlich.

Leitsatz 37

Deckungsgrade

Die Deckungsgrade messen die Fähigkeit eines Unternehmens, seine Verbindlichkeiten, mit dem was es erwirtschaftet, zu decken. Man erhält so ein dynamisches Bild des Unternehmens im Hinblick darauf, ob es sich die aktuelle Verschuldung leisten kann. Wichtige Vertreter dieser Kennzahlenart sind der Zinsdeckungsgrad und der dynamische Verschuldungsgrad.

Leitsatz 38

Die wichtigsten Fragen zur Analyse des finanziellen Gleichgewichts

- **Verfügt das Unternehmen über ausreichende kurzfristige liquide Mittel, um seine laufenden Verbindlichkeiten zu decken?**
- **Hat das Unternehmen zu wenig Schulden?** Das heißt, nutzt es die potenziellen Vorteile von Schulden (Steuervorteile, Hebeleffekt und eine größere Managementdisziplin) optimal aus?
- **Hat das Unternehmen angesichts seines Geschäftsrisikos zu viele Schulden?** Kann es die Kosten einer höheren Verschuldung tragen oder riskiert es dadurch eine Störung des finanziellen Gleichgewichts? Kann es seine Schulden bedienen und pünktlich zurückzahlen?
- **Was macht das Unternehmen mit den geliehenen Mitteln?** Investiert es in Betriebskapital oder in Anlagevermögen? Sind diese Investitionen rentabel?
- **Wie stabil ist der operative Cashflow des Unternehmens und wie gut kann es seine kurz- und langfristigen finanziellen Verpflichtungen decken?**

Lektion 14: Kreditratings und deren Bedeutung

Unternehmen können nicht nur von Banken Fremdkapital erhalten, sondern auch am freien Kapitalmarkt, indem sie sog. Schuldtitel ausgeben. Zu diesen Schuldtiteln gehören insbesondere Anleihen und Schuldscheine. Hierbei verpflichtet sich das Unternehmen, wie bei einem klassischen Bankkredit, den Gläubigern für das überlassene Fremdkapital Zinsen zu zahlen. Der große Unterschied zwischen einer Anleihe und einem Schuldschein ist, dass die Anleihe börsennotiert und damit veräußerbar ist. Kauft man als Anlegerin eine Anleihe an der Börse, bekommt sie als Inhaberin der Anleihe die Zinsen (sog. Kupons) gutgeschrieben und am Ende der Laufzeit der Anleihe (hoffentlich) ihr überlassenes Kapital zurück. Sie kann aber auch jederzeit die Anleihe am Kapitalmarkt verkaufen und der neue Inhaber bekommt ab sofort für die Zinsen gutgeschrieben und das ursprünglich überlassenen Kapital zurückbezahlt. Im Gegensatz hierzu werden Schuldscheine nicht am Kapitalmarkt gehandelt und sind daher deutlich schwerer zu übertragen (z.B. durch Abtretung oder Schuldübernahme).

Damit Anleger eine fundierte Investitionsentscheidung in einen Schuldtitel treffen können, bieten diverse Agenturen Kreditratings an. Diese Ratings geben Einschätzungen darüber ab, ob eine bestimmte Schuldverschreibung zurückgezahlt wird. Wird nicht nur ein einziges Finanzinstrument beurteilt, sondern die Kreditwürdigkeit eines bestimmten Unternehmens (oder Staates), spricht man von einem Emittentenrating. Auch hier wird ein Urteil darüber abgegeben, ob das Unternehmen seinen finanziellen Verpflichtungen in Zukunft nachkommen kann. Es besteht zwar keine Verpflichtung ein entsprechendes Rating zu besitzen, um Fremdkapital am Kapitalmarkt einzuwerben. Allerdings senkt das Fehlen eines Kreditratings in der Regel das Vertrauen der Anleger in den Emittenten, was zu höheren Kreditkosten oder einem geringeren Kreis von potenziellen Investoren führen kann.

Der Markt für Kreditratings wird von drei in den USA ansässigen Agenturen dominiert, nämlich Standard & Poor's (S&P), Moody's und Fitch. In Europa sind noch die Scope Gruppe und die Creditreform von Bedeutung, wobei letztere sich vor allem auf die Beurteilung der Kreditwürdigkeit von kleinen und mittleren Unternehmen spezialisiert hat. Jede dieser Agenturen nutzt ein spezielles und streng geheimes Analyseverfahren, um das Ausfallrisiko eines Schuldtitels oder Unternehmens einschätzen zu können. Hierbei werden zunächst makroökonomische, branchen- und firmenspezifische Informationen berücksichtig. Anschließend werden Finanzkennzahlen berechnet sowie die speziellen Kreditbedingungen wie Sicherheiten und Nachrangigkeit in die Analyse miteinbezogen. Am Ende des Prozesses steht dann das Rating. Die folgende Übersicht stellt (verkürzt) die Ratings der drei wichtigen US-amerikanischen Agenturen vor.

Übersicht 9: Kreditrating von Moody's, S&P und Fitch

Moody's	S&P	Fitch	
Aaa	AAA	AAA	Investment Grade
Aa	AA	AA	
A	A	A	
Baa	BBB	BBB	
Ba	BB	BB	Speculative Grade ("High Yield/Junk")
B	B	B	
Caa	CCC	CCC	
Ca	CC	C	
C	D	D	

Risiko ↓

Wie wir sehen bewegen sich die Ratings von A bis zu C bzw. D, wobei jede Agentur eine spezielle Buchstaben- und Zahlenkombination nutzt. Allen Ratings ist allerdings gemein, dass sie aufsteigend nach dem Ausfallrisiko vergeben werden. Ein Rating von AAA bzw. Aaa bezeichnet beispielsweise Unternehmen mit der höchstmöglichen Qualität, die ein sehr geringes Kreditrisiko aufweisen. Ein Rating von Ca bzw. CC oder C hingegen bezeichnet demgegenüber das unterste Spektrum von Unternehmen, die kurz vor dem Zahlungsausfall stehen. Unternehmen mit dem Rating C bzw. D sind bereits zahlungsunfähig (engl. Default).

Lektion 14: Kreditratings und deren Bedeutung

Es ist wichtig zu betonen, dass das Rating nur eine subjektive Einschätzung der jeweiligen Agentur ist, die naturgemäß auch falsch sein kann. Spektakulär war beispielswiese der Fall der Gesellschaft Lehmann Brothers. Lehmann Brothers war eine große US-amerikanische Investmentbank, die sich auf riskante Finanzprodukte und Kreditderivate spezialisiert hatte. Im Jahr 2008 musste sie Insolvenz anmelden, was oft als ein entscheidender (wenngleich nicht der einzige) Auslöser für die globale Finanzkrise (2008/2009) angesehen wird. In den Jahren vor der Finanzkrise wurde Lehman Brothers von den Ratingagenturen allerdings mit guten bis exzellenten Ratings bewertet. Man sollte sich daher niemals blind auf das Rating verlassen, sondern es nur als zusätzliche Information in die eigene Analyse miteinbeziehen.

Trotz dieser Einschränkungen ist das Kreditrating für Unternehmen von fundamentaler Bedeutung, denn es wirkt sich unmittelbar auf die Höhe der Zinsen für Fremdkapital aus. Schließlich bestimmen sich die Fremdkapitalkosten aus dem risikofreien Zinssatz (der keinerlei Ausfallrisiko hat) zzgl. einer Risikoprämie (engl. Spread). Je schlechter das Rating umso höher das Ausfallrisiko und damit die Risikoprämie. Die Höhe der Fremdkapitalzinsen wirkt sich allerdings unmittelbar auf die Eigenkapitalrentabilität des Unternehmens aus. Eine Verschlechterung der Kreditwürdigkeit kann daher das Wachstum und die zukünftige Rentabilität eines Unternehmens stören.

Besonders wichtig für Unternehmen ist hierbei die unsichtbare Grenze zwischen den Ratingkategorien Baa/BBB und Ba/BB. Unternehmen bzw. Schuldscheine oberhalb dieser Grenze werden als Investment Grade bezeichnet. Sie gelten als sichere Anlagen. Unternehmen bzw. Schuldscheine unterhalb dieser Grenze werden hingegen dem Speculative Grade (auch als High Yield oder Junk bezeichnet) zugeordnet. Statistisch gesehen steigt das Ausfallsrisiko von Unternehmen bzw. Schultiteln in dieser Kategorie im Vergleich zu denen aus dem Investment Grade spürbar an. Entsprechend hoch fällt dann auch die Risikoprämie aus.

Fall 40
Auswirkungen des Kreditratings auf die zukünftige Performance eines Unternehmens

Betrachten wir ein Unternehmen, das folgende Finanzdaten aufweist.

Umsatz- erlöse	Aufwendungen (außer Zinsen)	Zinsen	Eigen- kapital	Ø Gesamt- vermögen
2,3 Mio. €	1,8 Mio. €	0,2 Mio. €	5 Mio. €	15 Mio. €

Das gegenwärtige, von Moody's vergebene, Rating des Unternehmens ist Baa, weswegen es sich sehr günstig zu 2 % finanzieren kann. Allerdings hat Moody's schon angekündigt, dass Unternehmen im nächsten Jahr auf Ba herabzustufen. Vergleichbare Unternehmen mit diesem Ranking zahlen 5 % Zinsen. Sie entnehmen dem Verbindlichkeitenspiegel ferner, dass im nächsten Jahr 10 Mio. € Fremdkapital fällig und refinanziert werden müssen.

Unterstellen Sie, dass alle anderen Finanzdaten unverändert bleiben. Berechnen Sie die Eigen- und Gesamtkapitalrendite sowie den Eigenkapitalmultiplikator vor und nach der zu erwartenden Runterstufung durch Moody's. Wie sollte das Management des Unternehmens auf die Herabstufung reagieren? Diskutieren Sie auch die möglichen Nachteile dieser Maßnahmen.

Nach der Herabstufung kann sich das Unternehmen nur noch deutlich teurer refinanzieren. Es zahlt insgesamt 5 % Zinsen auf 10 Mio. €, d.h. insgesamt 0,5 Mio. €. Die Kennzahlen vor und nach der Herunterstufung sind damit wie folgt:

Rating	Gesamtkapitalrendite	×	Eigenkapitalmulti- plikator	=	Eigenkapi- talrendite
Baa	$\frac{0{,}3 \text{ Mio. €}}{15 \text{ Mio. €}} = 2\%$	×	$\frac{15 \text{ Mio. €}}{5 \text{ Mio. €}} = 3$	=	6 %
Ba	$\frac{0 \text{ Mio. €}}{15 \text{ Mio. €}} = 0\%$	×	$\frac{15 \text{ Mio. €}}{5 \text{ Mio. €}} = 3$	=	0 %

Die Herabstufung ist für das Unternehmen und seine Eigentümer sehr dramatisch. Es erzielt infolge der gestiegenen Zinsaufwendungen keine Gewinne mehr. Die Gesamt- und Eigenkapitalrendite sinkt auf 0 % ab. Selbst wenn es genug Zahlungsströme generiert, um seinen finanziellen Verpflichtungen nachkommen zu können, ist kein Sicherheitspuffer mehr vorhanden, um unerwartete weitere Kostensteigerungen oder Umsatzrückgänge zu verkraften. Höhere Fremdkapitalkosten schränken zudem die Anzahl neuer Investitionsprojekte ein, denn jedes Projekt muss um rentabel sein mindestens eine Rendite erzielen, die oberhalb der Kapitalkosten liegt. Die Verschlechterung der Kreditwürdigkeit schränkt daher nicht nur die zukünftige Rentabilität eines Unternehmens, sondern auch dessen Wachstumspotenzial ein.

Um dem entgegenzuwirken könnten Maßnahmen ergriffen werden, die die Liquidität und Solvenz des Unternehmens verbessern. Hierzu zählen beispielsweise der Abbau von Vorräten, die Umschichtung von Mittelabflüssen aus Investitionstätigkeiten in den Schuldenabbau oder die Erhöhung des Eigenkapitals durch die Ausgabe neuer Aktien gegen Barmittel. Nachteilig an diesen Maßnahmen ist indes, dass durch die geringere Investitionstätigkeit die zukünftige Wettbewerbsfähigkeit beeinträchtigt sein kann. Zudem ist Eigenkapital deutlich teurer als Fremdkapitel, da die Investoren eine höhere Rendite als Ausgleich für das zusätzliche Risiko und das Fehlen von Eigenkapital verlangen. Wie Sie sehen sind derartige Maßnahmen auch mit Nachteilen verbunden. Es lohnt sich daher in so einem Fall in den Lagebericht des Unternehmens zu sehen, welche Maßnahmen das Management ergreifen wird.

Leitsatz 39

Ratingagenturen

Ratingagenturen sind private Unternehmen, die die Kreditwürdigkeit von individuellen Schuldtiteln aber auch von ganzen Emittenten abgeben. Die drei wichtigsten Unternehmen in diesem Bereich, die Sie sich merken sollten, sind Standard & Poor's, Moody und Fitch. Diese Unternehmen sind für Unternehmen, die Fremdkapital am Finanzmarkt aufnehmen wollen, von fundamentaler Bedeutung, da ihr Rating unmittelbar die Höhe der Zinssätze bestimmt. Trotz einer umfassenden (und geheimen) Beurteilungsprozess durch diese Agenturen, kann es dennoch zu Fehleinschätzungen kommen. Analysten sollten daher das Rating nur ergänzend zu einer eigenen Analyse heranziehen.

Leitsatz 40

Ein letzter Wunsch und Tipp

Abschließend hoffe ich, dass dieses Buch Ihnen nicht nur ein fundiertes Verständnis der Bilanzanalyse vermittelt, sondern auch Spaß beim Lesen und Lernen bereitet hat. Ich wünsche Ihnen viel Erfolg bei Ihren Prüfungen sowie ersten eigenen Gehversuchen im Bereich der Bilanzanalyse und ermutige Sie, das Buch noch einmal gründlich durchzulesen. Sie werden dabei feststellen, dass Sie nun die Zusammenhänge noch besser erfassen und eventuelle Missverständnisse ausräumen können.

Sachregister

A
Abschreibungen	24, 27, 32 f.
Anhang	18, 20, 35, 46, 87, 93, 122,
Anlagendeckungsgrad	123 f.
Anlagenspiegel	19, 31 f.
Anlagevermögen	18, 31 ff., 42, 93 ff., 123 ff.
Anlagevermögensquote	94
Anlagevermögensumschlag	93 ff.
Aufwandsquoten	82 ff.

B
Betriebsgewinn (EBIT)	25
Betriebsgewinn zuzüglich Abschreibungen (EBITDA)	125 f.
Betriebsgewinnmarge	83 ff.
Betriebskapital	95 ff.
Bilanz	18 ff.
Bilanzanalyse	
– horizontale	49 ff.
– vertikale	46 ff.
Bilanzfälschung	42
Bilanzgleichung	21, 70, 72
Bilanzkosmetik	42
Bilanzpolitik	15 f., 36 ff.
Branchenstrukturanalyse	53 ff.

C
Cashflow	*siehe Mittelflüsse*

D
Debitorenumschlag	97 f.
Differenzierungsstrategie	62 f.
Dividenden	25 f., 121,
DuPont-Kennzahlensystem	68 ff.

E
Ecological, Social and Governance (ESG)	58 f.
Effektivität	89 f.
Effizienz	89 f.
Eigenkapital	20 f.
Eigenkapitalmultiplikator	68, 72 ff.
Eigenkapitalquote	120 f.
Eigenkapitalrendite	65 ff.
Eigenkapitalveränderungsrechnung	35
Einmaleffekte	27 f.
Erwartungslücke	43

F
Finanzergebnis	25
First-In-First-Out (FIFO)-Methode	36 f.
Fremdkapital	20 f.
Fremdkapitalquote	120 f.

G
Geldumschlag (CCC)	99 ff.
Gesamtkapitalrendite	69 ff.
Gewinnausschüttung	*siehe Dividenden*
Gewinn je Aktie (EPS)	110 ff.
Gewinne und Verluste aus aufgegebenen Geschäftsbereichen	28
Gewinnrücklagen	20, 26
Gewinnthesaurierung	26
gezeichnetes Kapital	20
Gewinn- und Verlustrechnung (GuV)	21 ff.
Goldene Bilanzregel	123

H
Handelsgesetzbuch (HGB)	13, 15, 22, 38 f.
Hebeleffekt	73 ff.

I

Illiquidität 23, 96, 115 ff., 120
Inkassoperiode (DSO) 98 ff.
International Financial
  Reporting Standards (IFRS)
    13 f., 19, 22 f., 30, 38 f.
Insolvenz
  20, 23, 77, 115, 122, 131
Investitionsausgaben
  (CAPEX) 31 f.

J

Jahresabschlussanalyse *siehe Bilanzanalyse*

K

Kapitalumschlag 80, 90 ff.
Kennzahlen
  – Liquiditätskennzahlen 116 ff.
  – Produktivitätskennzahlen 89 ff.
  – Profitabilitätskennzahlen 82 ff.
  – Rentabilitätskennzahlen
    65 ff., 105 ff.
  – Solvenzkennzahlen 120 ff.
Konsolidierung 12
Konzernabschluss 12
Kostenführerschaft 60 ff.
Kreditorenumschlag 98 ff.
Kreditrating 129 ff.
Kurs-Gewinn-Verhältnis
  (KGV) 112 ff.

L

Lagebericht 29, 35
Lagerdauer (DIO) 97
Last-In-First-Out
  (LIFO)-Methode 36 f.
Lieferantenziel (DPO) 99 ff.
Liquidität 95 f., 115 ff.
Liquiditätsgrade 116 ff.

M

Margenanalyse 82 ff.
Mittelflüsse
  – aus Finanzierungstätigkeit 33
  – aus Investitionstätigkeit 31 f.
  – aus operativer Tätigkeit 30
  – freier Cashflow 32

N

Nettogewinn 25
Nettogewinnmarge 80, 83 ff.
Net Working Capital *siehe Betriebskapital*
Neubewertungsmodell 19

P

Periodengerechte Erfolgsermittlung 22 f.
Produktivität 80
Profitabilität 80
Porters Fünf-Kräfte-Modell 53 ff.

R

Ratingagenturen 129 ff.
Reinvermögen *siehe Eigenkapital*
Return on Capital
  Employeed (ROCE) 105 ff.
Return on Invested
  Capital (ROIC) 105 ff.
Rohgewinn 24 f.
Rohgewinnmarge 52, 83 ff.

S

Segmentberichterstattung 86 ff.
Skaleneffekte 61 f.
sonstige betriebliche
  Aufwendungen 24 f.
Stetigkeitsgrundsatz 39 f.
stille Reserven 19

Sachregister

strategische
  Wettbewerbsvorteile 60 ff.
Stuck-in-the-Middle 63
SWOT-Analyse 63 f.

T
Testat 43

U
Überschuldung 20, 77, 120 f.
Umsatzerlöse 22
Umsatzkosten 24
Umschlagshäufigkeiten
  90 ff., 96 ff.
United States Generally Accepted Accounting Principles
  (US-GAAP) 13, 22, 38 f., 87

V
Verbindlichkeitenspiegel 20, 122 f.
Verschuldungsgrad
  – dynamischer 126
  – statischer 120 ff.
Verwässerung 111
Vorratsumschlag 96 f.
Vorsichtsprinzip 13
Vorsteuergewinn 25

W
Wirtschaftsprüfer 42 ff.

Z
Zinsdeckungsgrad 125 f.

Stephan Kudert / Peter Sorg

Rechnungswesen
leicht gemacht

Buchführung und Bilanz für Studierende an Universitäten, Hochschulen und Berufsakademien

Rechnungswesen auf einen Blick! In der neunten Auflage des seit über 20 Jahren bewährten Taschenbuchs führen dich zwei erfahrene Professoren in Buchführung und Bilanzierung ein. Verständlich, lebendig und kurzweilig werden die komplexen Themenbereiche auf den Punkt gebracht. Hier erfährst du alles über:

→ Betriebswirtschaftliche Grundlagen des Bilanzrechts
→ Doppelte Buchführung
→ Handelsrechtlicher Jahresabschluss
→ Europäisierung und Globalisierung
→ Bilanzrecht nach HGB und IFRS

BLAUE SERIE – *leicht gemacht*
9., überarbeitete Auflage
17 Übersichten, 22 Leitsätze, 208 Seiten, 2024
ISBN 978-3-87440-394-8, € 16,90
Titel auch als E-Book erhältlich.

Edition Wissenschaft & Praxis